电影
法律法规文件汇编

中共中央宣传部政策法规研究室　编

中国书籍出版社
China Book Press

图书在版编目（CIP）数据

电影法律法规文件汇编 / 中共中央宣传部政策法规研究室编. -- 北京：中国书籍出版社, 2021.5（2024.12重印）
ISBN 978-7-5068-8451-8

Ⅰ. ①电… Ⅱ. ①中… Ⅲ. ①电影事业—文艺管理法—汇编—中国 Ⅳ. ①D922.169

中国版本图书馆CIP数据核字（2021）第068762号

电影法律法规文件汇编

中共中央宣传部政策法规研究室　编

责任编辑　王　淼
责任印制　孙马飞　马　芝
封面设计　东方美迪
出版发行　中国书籍出版社
地　　址　北京市丰台区三路居路 97 号（邮编：100073）
电　　话　（010）52257143（总编室）　（010）52257140（发行部）
电子邮箱　eo@chinabp.com.cn
经　　销　全国新华书店
印　　刷　北京九州迅驰传媒文化有限公司
开　　本　710毫米×1000毫米　1/16
字　　数　245千字
印　　张　18.25
版　　次　2021 年 5 月第 1 版　2024 年 12 月第 5 次印刷
书　　号　ISBN 978-7-5068-8451-8
定　　价　58.00元

出版说明

党的十八大以来，以习近平同志为核心的党中央明确提出全面依法治国，并将其纳入“四个全面”战略布局予以有力推进，从全局和战略高度对全面依法治国作出一系列重大决策部署，推动我国社会主义法治建设发生历史性变革、取得历史性成就。党对全面依法治国的领导更加坚强有力，全面依法治国总体格局基本形成，全面依法治国实践取得重大进展，形成了习近平法治思想。习近平法治思想是顺应实现中华民族伟大复兴时代要求应运而生的重大理论创新成果，是马克思主义法治理论中国化的最新成果，是习近平新时代中国特色社会主义思想的重要组成部分，是新时代全面依法治国的根本遵循和行动指南。

在习近平法治思想的指引下，我国不断完善电影领域立法，形成了以电影产业促进法为统领、行政法规为基础、部门规章为配套、规范性文件为补充的较为完备的法律规范体系。为深入贯彻落实习近平法治思想和习近平总书记关于宣传思想工作的重要思想，帮助电影领域领导干部、执法人员及从业人员更好地了解电影领域法律规范，自觉做到尊法学法守法用法，我们汇编了此书。本书收录现行有效的电影法律法规文件63件，其中包括：法律1件，行政法规4件，规章14件（现行有效规章8件，补充规定3件，修订废止决定3件），规范性文件44件（截至2021年4月30日）。本着尊重历史的原则，本书尽量保持不同时期文件的原貌，个别文件体例不完全一致，敬请谅解。

目 录

法 律

中华人民共和国电影产业促进法

2016 年 11 月 7 日中华人民共和国主席令第 54 号公布

目 录

第一章 总 则

第一条 为了促进电影产业健康繁荣发展，弘扬社会主义核心价值观，规范电影市场秩序，丰富人民群众精神文化生活，制定本法。

第二条 在中华人民共和国境内从事电影创作、摄制、发行、放映等活动（以下统称电影活动），适用本法。

本法所称电影，是指运用视听技术和艺术手段摄制、以胶片或者数字载体记录、由表达一定内容的有声或者无声的连续画面组成、符合国家规定的技术标准、用于电影院等固定放映场所或者流动放映设备公开放映的作品。

通过互联网、电信网、广播电视网等信息网络传播电影的，还应当遵守互联网、电信网、广播电视网等信息网络管理的法律、行政法规的规定。

第三条 从事电影活动，应当坚持为人民服务、为社会主义服务，坚持社会效益优先，实现社会效益与经济效益相统一。

第四条 国家坚持以人民为中心的创作导向，坚持百花齐放、百家争鸣的方针，尊重和保障电影创作自由，倡导电影创作贴近实际、贴近生活、贴近群众，鼓励创作思想性、艺术性、观赏性相统一的优秀电影。

第五条 国务院应当将电影产业发展纳入国民经济和社会发展规划。县级以上地方人民政府根据当地实际情况将电影产业发展纳入本级国民经济和社会发展规划。

国家制定电影及其相关产业政策，引导形成统一开放、公平竞争的电影市场，促进电影市场繁荣发展。

第六条 国家鼓励电影科技的研发、应用，制定并完善电影技术标准，构建以企业为主体、市场为导向、产学研相结合的电影技术创新体系。

第七条 与电影有关的知识产权受法律保护，任何组织和个人不得侵犯。

县级以上人民政府负责知识产权执法的部门应当采取措施，保护与电影有关的知识产权，依法查处侵犯与电影有关的知识产权的行为。

从事电影活动的公民、法人和其他组织应当增强知识产权意识，提高运用、保护和管理知识产权的能力。

国家鼓励公民、法人和其他组织依法开发电影形象产品等衍生产品。

第八条 国务院电影主管部门负责全国的电影工作；县级以上地方人民政府电影主管部门负责本行政区域内的电影工作。

县级以上人民政府其他有关部门在各自职责范围内，负责有关的电影工作。

第九条 电影行业组织依法制定行业自律规范，开展业务交流，加强职业道德教育，维护其成员的合法权益。

演员、导演等电影从业人员应当坚持德艺双馨，遵守法律法规，尊重社会公德，恪守职业道德，加强自律，树立良好社会形象。

第十条 国家支持建立电影评价体系，鼓励开展电影评论。

对优秀电影以及为促进电影产业发展作出突出贡献的组织、个人，按照国家有关规定给予表彰和奖励。

第十一条 国家鼓励开展平等、互利的电影国际合作与交流，支持参加境外电影节（展）。

第二章 电影创作、摄制

第十二条 国家鼓励电影剧本创作和题材、体裁、形式、手段等创新，鼓励电影学术研讨和业务交流。

县级以上人民政府电影主管部门根据电影创作的需要，为电影创作人员深入基层、深入群众、体验生活等提供必要的便利和帮助。

第十三条 拟摄制电影的法人、其他组织应当将电影剧本梗概向国务院电影主管部门或者省、自治区、直辖市人民政府电影主管部门备案；其中，涉及重大题材或者国家安全、外交、民族、宗教、军事等方面题材的，应当按照国家有关规定将电影剧本报送审查。

电影剧本梗概或者电影剧本符合本法第十六条规定的，由国务院电影主管部门将拟摄制电影的基本情况予以公告，并由国务院电影主管部门或者省、自治区、直辖市人民政府电影主管部门出具备案证明文件或者颁发批准文件。具体办法由国务院电影主管部门制定。

第十四条 法人、其他组织经国务院电影主管部门批准，可以与境外组织合作摄制电影；但是，不得与从事损害我国国家尊严、荣誉和利益，危害社会稳定，伤害民族感情等活动的境外组织合作，也不得聘用有上述行为的个人参加电影摄制。

合作摄制电影符合创作、出资、收益分配等方面比例要求的，该电影视同境内法人、其他组织摄制的电影。

境外组织不得在境内独立从事电影摄制活动；境外个人不得在境内从事电影摄制活动。

第十五条 县级以上人民政府电影主管部门应当协调公安、文物保护、风景名胜区管理等部门，为法人、其他组织依照本法从事电影摄制活动提供必要的便利和帮助。

从事电影摄制活动的，应当遵守有关环境保护、文物保护、风景名胜区管理和安全生产等方面的法律、法规，并在摄制过程中采取必要的保护、防护措施。

第十六条 电影不得含有下列内容：

（一）违反宪法确定的基本原则，煽动抗拒或者破坏宪法、法律、行政法规实施；

（二）危害国家统一、主权和领土完整，泄露国家秘密，危害国家安全，损害国家尊严、荣誉和利益，宣扬恐怖主义、极端主义；

（三）诋毁民族优秀文化传统，煽动民族仇恨、民族歧视，侵害民族风俗习惯，歪曲民族历史或者民族历史人物，伤害民族感情，破坏民族团结；

（四）煽动破坏国家宗教政策，宣扬邪教、迷信；

（五）危害社会公德，扰乱社会秩序，破坏社会稳定，宣扬淫秽、赌博、吸毒，渲染暴力、恐怖，教唆犯罪或者传授犯罪方法；

（六）侵害未成年人合法权益或者损害未成年人身心健康；

（七）侮辱、诽谤他人或者散布他人隐私，侵害他人合法权益；

（八）法律、行政法规禁止的其他内容。

第十七条 法人、其他组织应当将其摄制完成的电影送国务院电影主管部门或者省、自治区、直辖市人民政府电影主管部门审查。

国务院电影主管部门或者省、自治区、直辖市人民政府电影主管部门应当自受理申请之日起三十日内作出审查决定。对符合本法规定的，准予公映，颁发电影公映许可证，并予以公布；对不符合本法规定的，不准予公映，书面通知申请人并说明理由。

国务院电影主管部门应当根据本法制定完善电影审查的具体标准和程序，并向社会公布。制定完善电影审查的具体标准应当向社会公开征求意见，并组织专家进行论证。

第十八条 进行电影审查应当组织不少于五名专家进行评审，由专家提出评审意见。法人、其他组织对专家评审意见有异议的，国务院电影主管部门或者省、自治区、直辖市人民政府电影主管部门可以另行组织专家再次评审。专家的评审意见应当作为作出审查决定的重要依据。

前款规定的评审专家包括专家库中的专家和根据电影题材特别聘请的专家。专家遴选和评审的具体办法由国务院电影主管部门制定。

第十九条 取得电影公映许可证的电影需要变更内容的，应当依照本法规定重新报送审查。

第二十条 摄制电影的法人、其他组织应当将取得的电影公映许可证标识置于电影的片头处；电影放映可能引起未成年人等观众身体或者心理不适的，应当予以提示。

未取得电影公映许可证的电影，不得发行、放映，不得通过互联网、电信网、广播电视网等信息网络进行传播，不得制作为音像制品；但是，国家另有规定的，从其规定。

第二十一条 摄制完成的电影取得电影公映许可证，方可参加电影节（展）。拟参加境外电影节（展）的，送展法人、其他组织应当在该境外电影节（展）举办前，将相关材料报国务院电影主管部门或者省、自治区、直辖市人民政府电影主管部门备案。

第二十二条 公民、法人和其他组织可以承接境外电影的洗印、加工、后期制作等业务，并报省、自治区、直辖市人民政府电影主管部门备案，但是不得承接含有损害我国国家尊严、荣誉和利益，危害社会稳定，伤害民族感情等内容的境外电影的相关业务。

第二十三条 国家设立的电影档案机构依法接收、收集、整理、保管并向社会开放电影档案。

国家设立的电影档案机构应当配置必要的设备，采用先进技术，提高电影档案管理现代化水平。

摄制电影的法人、其他组织依照《中华人民共和国档案法》的规定，做好电影档案保管工作，并向国家设立的电影档案机构移交、捐赠、寄存电影档案。

第三章　电影发行、放映

第二十四条 企业具有与所从事的电影发行活动相适应的人

员、资金条件的，经国务院电影主管部门或者所在地省、自治区、直辖市人民政府电影主管部门批准，可以从事电影发行活动。

企业、个体工商户具有与所从事的电影放映活动相适应的人员、场所、技术和设备等条件的，经所在地县级人民政府电影主管部门批准，可以从事电影院等固定放映场所电影放映活动。

第二十五条 依照本法规定负责电影发行、放映活动审批的电影主管部门，应当自受理申请之日起三十日内，作出批准或者不批准的决定。对符合条件的，予以批准，颁发电影发行经营许可证或者电影放映经营许可证，并予以公布；对不符合条件的，不予批准，书面通知申请人并说明理由。

第二十六条 企业、个人从事电影流动放映活动，应当将企业名称或者经营者姓名、地址、联系方式、放映设备等向经营区域所在地县级人民政府电影主管部门备案。

第二十七条 国家加大对农村电影放映的扶持力度，由政府出资建立完善农村电影公益放映服务网络，积极引导社会资金投资农村电影放映，不断改善农村地区观看电影条件，统筹保障农村地区群众观看电影需求。

县级以上人民政府应当将农村电影公益放映纳入农村公共文化服务体系建设，按照国家有关规定对农村电影公益放映活动给予补贴。

从事农村电影公益放映活动的，不得以虚报、冒领等手段骗取农村电影公益放映补贴资金。

第二十八条 国务院教育、电影主管部门可以共同推荐有利于未成年人健康成长的电影，并采取措施支持接受义务教育的学生免费观看，由所在学校组织安排。

国家鼓励电影院以及从事电影流动放映活动的企业、个人采取票价优惠、建设不同条件的放映厅、设立社区放映点等多种措施，为未成年人、老年人、残疾人、城镇低收入居民以及进城务工人员等观看电影提供便利；电影院以及从事电影流动放映活动的企业、个人所在地人民政府可以对其发放奖励性补贴。

第二十九条 电影院应当合理安排由境内法人、其他组织所摄制电影的放映场次和时段，并且放映的时长不得低于年放映电影时长总和的三分之二。

电影院以及从事电影流动放映活动的企业、个人应当保障电影放映质量。

第三十条 电影院的设施、设备以及用于流动放映的设备应当符合电影放映技术的国家标准。

电影院应当按照国家有关规定安装计算机售票系统。

第三十一条 未经权利人许可，任何人不得对正在放映的电影进行录音录像。发现进行录音录像的，电影院工作人员有权予以制止，并要求其删除；对拒不听从的，有权要求其离场。

第三十二条 国家鼓励电影院在向观众明示的电影开始放映时间之前放映公益广告。

电影院在向观众明示的电影开始放映时间之后至电影放映结束前，不得放映广告。

第三十三条 电影院应当遵守治安、消防、公共场所卫生等法律、行政法规，维护放映场所的公共秩序和环境卫生，保障观众的安全与健康。

任何人不得携带爆炸性、易燃性、放射性、毒害性、腐蚀性物品进入电影院等放映场所，不得非法携带枪支、弹药、管制器具进入电影院等放映场所；发现非法携带上述物品的，有关工作人员应当拒绝其进入，并向有关部门报告。

第三十四条 电影发行企业、电影院等应当如实统计电影销售收入，提供真实准确的统计数据，不得采取制造虚假交易、虚报瞒报销售收入等不正当手段，欺骗、误导观众，扰乱电影市场秩序。

第三十五条 在境内举办涉外电影节（展），须经国务院电影主管部门或者省、自治区、直辖市人民政府电影主管部门批准。

第四章 电影产业支持、保障

第三十六条 国家支持下列电影的创作、摄制：

（一）传播中华优秀文化、弘扬社会主义核心价值观的重大题材电影；

（二）促进未成年人健康成长的电影；

（三）展现艺术创新成果、促进艺术进步的电影；

（四）推动科学教育事业发展和科学技术普及的电影；

（五）其他符合国家支持政策的电影。

第三十七条 国家引导相关文化产业专项资金、基金加大对电影产业的投入力度，根据不同阶段和时期电影产业的发展情况，结合财力状况和经济社会发展需要，综合考虑、统筹安排财政资金对电影产业的支持，并加强对相关资金、基金使用情况的审计。

第三十八条 国家实施必要的税收优惠政策，促进电影产业发展，具体办法由国务院财税主管部门依照税收法律、行政法规的规定制定。

第三十九条 县级以上地方人民政府应当依据人民群众需求和电影市场发展需要，将电影院建设和改造纳入国民经济和社会发展规划、土地利用总体规划和城乡规划等。

县级以上地方人民政府应当按照国家有关规定，有效保障电影院用地需求，积极盘活现有电影院用地资源，支持电影院建设和改造。

第四十条 国家鼓励金融机构为从事电影活动以及改善电影基础设施提供融资服务，依法开展与电影有关的知识产权质押融资业务，并通过信贷等方式支持电影产业发展。

国家鼓励保险机构依法开发适应电影产业发展需要的保险产品。

国家鼓励融资担保机构依法向电影产业提供融资担保，通过再担保、联合担保以及担保与保险相结合等方式分散风险。

对国务院电影主管部门依照本法规定公告的电影的摄制，按照国家有关规定合理确定贷款期限和利率。

第四十一条 国家鼓励法人、其他组织通过到境外合作摄制电影等方式进行跨境投资，依法保障其对外贸易、跨境融资和投资等合理用汇需求。

第四十二条 国家实施电影人才扶持计划。

国家支持有条件的高等学校、中等职业学校和其他教育机构、培训机构等开设与电影相关的专业和课程，采取多种方式培养适应电影产业发展需要的人才。

国家鼓励从事电影活动的法人和其他组织参与学校相关人才培养。

第四十三条 国家采取措施，扶持农村地区、边疆地区、贫困地区和民族地区开展电影活动。

国家鼓励、支持少数民族题材电影创作，加强电影的少数民族语言文字译制工作，统筹保障民族地区群众观看电影需求。

第四十四条 国家对优秀电影的外语翻译制作予以支持，并综合利用外交、文化、教育等对外交流资源开展电影的境外推广活动。

国家鼓励公民、法人和其他组织从事电影的境外推广。

第四十五条 国家鼓励社会力量以捐赠、资助等方式支持电影产业发展，并依法给予优惠。

第四十六条 县级以上人民政府电影主管部门应当加强对电影活动的日常监督管理，受理对违反本法规定的行为的投诉、举报，并及时核实、处理、答复；将从事电影活动的单位和个人因违反本法规定受到行政处罚的情形记入信用档案，并向社会公布。

第五章 法律责任

第四十七条 违反本法规定擅自从事电影摄制、发行、放映活动的，由县级以上人民政府电影主管部门予以取缔，没收电影片和违法所得以及从事违法活动的专用工具、设备；违法所得五万元以上的，并处违法所得五倍以上十倍以下的罚款；没有违法所得或者违法所得不足五万元的，可以并处二十五万元以下的罚款。

第四十八条 有下列情形之一的，由原发证机关吊销有关许可证、撤销有关批准或者证明文件；县级以上人民政府电影主管部门没收违法所得；违法所得五万元以上的，并处违法所得五倍以上十倍以下的罚款；没有违法所得或者违法所得不足五万元的，可以并处二十五万元以下的罚款：

（一）伪造、变造、出租、出借、买卖本法规定的许可证、批准或者证明文件，或者以其他形式非法转让本法规定的许可证、批准或者证明文件的；

（二）以欺骗、贿赂等不正当手段取得本法规定的许可证、批准或者证明文件的。

第四十九条 有下列情形之一的，由原发证机关吊销许可证；县级以上人民政府电影主管部门没收电影片和违法所得；违法所得五万元以上的，并处违法所得十倍以上二十倍以下的罚款；没有违法所得或者违法所得不足五万元的，可以并处五十万元以下的罚款：

（一）发行、放映未取得电影公映许可证的电影的；

（二）取得电影公映许可证后变更电影内容，未依照规定重新取得电影公映许可证擅自发行、放映、送展的；

（三）提供未取得电影公映许可证的电影参加电影节（展）的。

第五十条 承接含有损害我国国家尊严、荣誉和利益，危害社会稳定，伤害民族感情等内容的境外电影的洗印、加工、后期制作等业务的，由县级以上人民政府电影主管部门责令停止违法活动，没收电影片和违法所得；违法所得五万元以上的，并处违法所得三倍以上五倍以下的罚款；没有违法所得或者违法所得不足五万元的，可以并处十五万元以下的罚款。情节严重的，由电影主管部门通报工商行政管理部门，由工商行政管理部门吊销营业执照。

第五十一条 电影发行企业、电影院等有制造虚假交易、虚报瞒报销售收入等行为，扰乱电影市场秩序的，由县级以上人民政府电影主管部门责令改正，没收违法所得，处五万元以上五十万元以下的罚款；违法所得五十万元以上的，处违法所得一倍以上五倍以下的罚款。情节严重的，责令停业整顿；情节特别严重的，由原发证机关吊销许可证。

电影院在向观众明示的电影开始放映时间之后至电影放映结束前放映广告的，由县级人民政府电影主管部门给予警告，责令改正；情节严重的，处一万元以上五万元以下的罚款。

第五十二条 法人或者其他组织未经许可擅自在境内举办涉外电影节（展）的，由国务院电影主管部门或者省、自治区、直辖市人民政府电影主管部门责令停止违法活动，没收参展的电影片和违法所得；违法所得五万元以上的，并处违法所得五倍以上十倍以下的罚款；没有违法所得或者违法所得不足五万元的，可以并处二十五万元以下的罚款；情节严重的，自受到处罚之日起五年内不得举办涉外电影节（展）。

个人擅自在境内举办涉外电影节（展），或者擅自提供未取得电影公映许可证的电影参加电影节（展）的，由国务院电影主管部门或者省、自治区、直辖市人民政府电影主管部门责令停止违法活动，没收参展的电影片和违法所得；违法所得五万元以上的，并处违法所得五倍以上十倍以下的罚款；没有违法所得或者违法所得不足五万元的，可以并处二十五万元以下的罚款；情节严重的，自受到处罚之日起五年内不得从事相关电影活动。

第五十三条 法人、其他组织或者个体工商户因违反本法规定被吊销许可证的，自吊销许可证之日起五年内不得从事该项业务活动；其法定代表人或者主要负责人自吊销许可证之日起五年内不得担任从事电影活动的法人、其他组织的法定代表人或者主要负责人。

第五十四条 有下列情形之一的，依照有关法律、行政法规及国家有关规定予以处罚：

（一）违反国家有关规定，擅自将未取得电影公映许可证的电影制作为音像制品的；

（二）违反国家有关规定，擅自通过互联网、电信网、广播电视网等信息网络传播未取得电影公映许可证的电影的；

（三）以虚报、冒领等手段骗取农村电影公益放映补贴资金的；

（四）侵犯与电影有关的知识产权的；

（五）未依法接收、收集、整理、保管、移交电影档案的。

电影院有前款第四项规定行为，情节严重的，由原发证机关吊销许可证。

第五十五条　县级以上人民政府电影主管部门或者其他有关部门的工作人员有下列情形之一，尚不构成犯罪的，依法给予处分：

（一）利用职务上的便利收受他人财物或者其他好处的；

（二）违反本法规定进行审批活动的；

（三）不履行监督职责的；

（四）发现违法行为不予查处的；

（五）贪污、挪用、截留、克扣农村电影公益放映补贴资金或者相关专项资金、基金的；

（六）其他违反本法规定滥用职权、玩忽职守、徇私舞弊的情形。

第五十六条　违反本法规定，造成人身、财产损害的，依法承担民事责任；构成犯罪的，依法追究刑事责任。

因违反本法规定二年内受到二次以上行政处罚，又有依照本法规定应当处罚的违法行为的，从重处罚。

第五十七条　县级以上人民政府电影主管部门及其工作人员应当严格依照本法规定的处罚种类和幅度，根据违法行为的性质和具体情节行使行政处罚权，具体办法由国务院电影主管部门制定。

县级以上人民政府电影主管部门对有证据证明违反本法规定的行为进行查处时，可以依法查封与违法行为有关的场所、设施或者查封、扣押用于违法行为的财物。

第五十八条 当事人对县级以上人民政府电影主管部门以及其他有关部门依照本法作出的行政行为不服的，可以依法申请行政复议或者提起行政诉讼。其中，对国务院电影主管部门作出的不准予电影公映的决定不服的，应当先依法申请行政复议，对行政复议决定不服的可以提起行政诉讼。

第六章 附 则

第五十九条 境外资本在中华人民共和国境内设立从事电影活动的企业的，按照国家有关规定执行。

第六十条 本法自 2017 年 3 月 1 日起施行。

行政法规、国务院文件

进口影片管理办法

1981 年 10 月 13 日国务院批准　文化部、海关总署公布

第一条　为了加强对进口影片的管理，根据一九八〇年四月十四日中共中央、国务院、中央军委《关于制止滥放内部参考影片的通知》精神，特制订本办法。

第二条　凡属从外国及港澳地区进口发行影片或试映拷贝（包括 35 毫米、16 毫米、超 8 毫米、影片录相带和影片视盘等，以下统称影片）的业务，统由中国电影发行放映公司（以下简称中影公司）经营管理。

影片进口时，由海关凭中影公司填报的进口货物报关单核查放行。属于在全国发行的商业性影片，应在进口时办理纳税手续；属于非商业性影片，应予免税；属于非商业性影片，进口后经过批准在全国发行的，由中影公司按章向北京海关办理补税手续。

第三条　中国电影资料馆进口的资料影片（包括中国电影资料馆与外国电影资料馆互相选购、交换、赠送或通过其他途径购作资料的影片），属于非商业性影片，海关凭该馆填报的进口货物报关单核查免税放行。

进口的资料影片，如经批准，需向全国发行的，由中影公司按章向北京海关办理补税手续。

第四条　科学技术、工业、农业、教育、卫生、新闻、外贸、外事等单位，因业务需要进口的专业性纪录、科教影片，属于国务院系统的单位进口的，由国务院各部委（总局）审批，属于地

方单位进口的，由省、自治区、直辖市人民政府审批。

影片进口时，海关凭有关部委（总局）或省、自治区、直辖市人民政府的批准文件和申请单位填报的进口货物报关单一式三份核查免税放行，并将盖有海关印章的报关单一份转送文化部电影事业管理局备案。

第五条 外国、港澳地区及台湾省的团体或个人运进给机关、团体、学校等单位的故事片，凡属国务院系统的单位接受的，须经文化部电影事业管理局审批；属地方单位接受的，须经省、自治区、直辖市文化局（电影局）审批，并抄送文化部电影事业管理局备案。

影片进口时，海关凭接受单位填报的进口货物报关单和批准文件核查免税放行。

接受单位应当将接收的影片交中国电影资料馆统一保管。如因业务上特殊需要，接受单位可以凭上级主管部门的批准文件向该馆提取，供有关人员参考借鉴，但不准外借，不准招待映出，不准拿到社会上公开放映。借鉴后仍送回中国电影资料馆保管。

进口的故事影片，如经批准在全国发行的，应由中影公司向海关办理补税手续。

第六条 对外国人和华侨、港澳及台湾省同胞等邮寄或者入境随身携带属于赠给我国个人作为业务参考的科教影片，海关应准许进口，并凭接受影片的个人填报的进口货物报关单及其所在单位的证明信件核查免税放行。属于赠给我国个人的故事影片，一般地不准进口，海关予以退运。如遇特殊情况，由文化部和海关总署研究处理。

对外国驻华使（领）馆人员、外国工商企业派来我国的常驻人员（包括外国常驻记者）和应聘来华工作的外国专家（包括文教、经济、科技专家）携带（或者从国外邮寄给他们）的影片，按海关现行有关规定办理。影片进口后应由有关部门严格控制，只限他们在内部放映；我方单位或个人不许借映。

第七条 除香港长城、凤凰、新联三公司回内地拍片，由国务院港澳办公室同有关地区和有关单位直接联系外，凡属中外或我与港澳地区及台湾省的合制业务，统由中国电影合作制片公司管理。合拍影片的进口，由中国电影合作制片公司向海关办理进口报关手续；其中批准在全国发行的，则由中影公司按章向北京海关办理补税手续。

第八条 对违反规定进口的或走私进口的影片，海关按有关规定处理；对没收的影片，凡有保留参考价值的可转送文化部电影事业管理局交中国电影资料馆保存。

第九条 本办法自发布之日起施行。

电影管理条例

2001 年 12 月 25 日中华人民共和国国务院令第 342 号公布

第一章　总　则

第一条　为了加强对电影行业的管理，发展和繁荣电影事业，满足人民群众文化生活需要，促进社会主义物质文明和精神文明建设，制定本条例。

第二条　本条例适用于中华人民共和国境内的故事片、纪录片、科教片、美术片、专题片等电影片的制片、进口、出口、发行和放映等活动。

第三条　从事电影片的制片、进口、出口、发行和放映等活动，应当遵守宪法和有关法律、法规，坚持为人民服务、为社会主义服务的方向。

第四条　国务院广播电影电视行政部门主管全国电影工作。

县级以上地方人民政府管理电影的行政部门（以下简称电影行政部门），依照本条例的规定负责本行政区域内的电影管理工作。

第五条　国家对电影摄制、进口、出口、发行、放映和电影片公映实行许可制度。未经许可，任何单位和个人不得从事电影片的摄制、进口、发行、放映活动，不得进口、出口、发行、放映未取得许可证的电影片。

依照本条例发放的许可证和批准文件，不得出租、出借、出售或者以其他任何形式转让。

第六条 全国性电影行业的社会团体按照其章程，在国务院广播电影电视行政部门指导下，实行自律管理。

第七条 国家对为电影事业发展做出显著贡献的单位和个人，给予奖励。

第二章 电影制片

第八条 设立电影制片单位，应当具备下列条件：

（一）有电影制片单位的名称、章程；

（二）有符合国务院广播电影电视行政部门认定的主办单位及其主管机关；

（三）有确定的业务范围；

（四）有适应业务范围需要的组织机构和专业人员；

（五）有适应业务范围需要的资金、场所和设备；

（六）法律、行政法规规定的其他条件。

审批设立电影制片单位，除依照前款所列条件外，还应当符合国务院广播电影电视行政部门制定的电影制片单位总量、布局和结构的规划。

第九条 申请设立电影制片单位，由所在地省、自治区、直辖市人民政府电影行政部门审核同意后，报国务院广播电影电视行政部门审批。

申请书应当载明下列内容：

（一）电影制片单位的名称、地址和经济性质；

（二）电影制片单位的主办单位的名称、地址、性质及其主管机关；

（三）电影制片单位的法定代表人的姓名、住址、资格证明文件；

（四）电影制片单位的资金来源和数额。

第十条 国务院广播电影电视行政部门应当自收到设立电影制片单位的申请书之日起90日内，作出批准或者不批准的决定，并通知申请人。批准的，由国务院广播电影电视行政部门发给《摄制电影许可证》，申请人持《摄制电影许可证》到国务院工商行政管理部门办理登记手续，依法领取营业执照；不批准的，应当说明理由。

第十一条 电影制片单位以其全部法人财产，依法享有民事权利，承担民事责任。

第十二条 电影制片单位变更、终止，应当报国务院广播电影电视行政部门批准，并依法到原登记的工商行政管理部门办理变更登记或者注销登记。

第十三条 电影制片单位可以从事下列活动：

（一）摄制电影片；

（二）按照国家有关规定制作本单位摄制的电影片的复制品；

（三）按照国家有关规定在全国范围发行本单位摄制并被许可公映的电影片及其复制品；

（四）按照国家有关规定出口本单位摄制并被许可公映的电影片及其复制品。

第十四条 电影制片单位应当建立、健全管理制度，保证电影片的质量。

第十五条 电影制片单位对其摄制的电影片，依法享有著作权。

第十六条 电影制片单位以外的单位独立从事电影摄制业

务，须报经国务院广播电影电视行政部门批准，并持批准文件到工商行政管理部门办理相应的登记手续。

电影制片单位以外的单位经批准后摄制电影片，应当事先到国务院广播电影电视行政部门领取一次性《摄制电影片许可证（单片）》，并参照电影制片单位享有权利、承担义务。具体办法由国务院广播电影电视行政部门制定。

第十七条 国家鼓励企业、事业单位和其他社会组织以及个人以资助、投资的形式参与摄制电影片。具体办法由国务院广播电影电视行政部门制定。

第十八条 电影制片单位经国务院广播电影电视行政部门批准，可以与境外电影制片者合作摄制电影片；其他单位和个人不得与境外电影制片者合作摄制电影片。

电影制片单位和持有《摄制电影片许可证（单片）》的单位经国务院广播电影电视行政部门批准，可以到境外从事电影片摄制活动。

境外组织或者个人不得在中华人民共和国境内独立从事电影片摄制活动。

第十九条 中外合作摄制电影片，应当由中方合作者事先向国务院广播电影电视行政部门提出立项申请。国务院广播电影电视行政部门征求有关部门的意见后，经审查符合规定的，发给申请人一次性《中外合作摄制电影片许可证》。申请人取得《中外合作摄制电影片许可证》后，应当按照国务院广播电影电视行政部门的规定签订中外合作摄制电影片合同。

第二十条 中外合作摄制电影片需要进口设备、器材、胶片、道具的，中方合作者应当持国务院广播电影电视行政部门的批准文件到海关办理进口或者临时进口手续。

第二十一条 境外电影制片者同中方合作者合作或者以其他形式在中华人民共和国境内摄制电影片，应当遵守中华人民共和国的法律、法规，尊重中华民族的风俗、习惯。

第二十二条 电影底片、样片的冲洗及后期制作，应当在中华人民共和国境内完成。有特殊技术要求确需在境外完成的，应当单项申请，报经国务院广播电影电视行政部门批准后，按照批准文件载明的要求执行。

第二十三条 电影洗印单位不得洗印加工未取得《摄制电影许可证》或者《摄制电影片许可证（单片）》的单位摄制的电影底片、样片，不得洗印加工未取得《电影片公映许可证》的电影片拷贝。

电影洗印单位接受委托洗印加工境外的电影底片、样片和电影拷贝的，应当事先经国务院广播电影电视行政部门批准，并持批准文件依法向海关办理有关进口手续。洗印加工的电影底片、样片和电影片拷贝必须全部运输出境。

第三章 电影审查

第二十四条 国家实行电影审查制度。

未经国务院广播电影电视行政部门的电影审查机构（以下简称电影审查机构）审查通过的电影片，不得发行、放映、进口、出口。

供科学研究、教学参考的专题片进口和中国电影资料馆进口电影资料片，依照本条例第三十二条的规定办理。

第二十五条 电影片禁止载有下列内容：

（一）反对宪法确定的基本原则的；

（二）危害国家统一、主权和领土完整的；

（三）泄露国家秘密、危害国家安全或者损害国家荣誉和利益的；

（四）煽动民族仇恨、民族歧视，破坏民族团结，或者侵害民族风俗、习惯的；

（五）宣扬邪教、迷信的；

（六）扰乱社会秩序，破坏社会稳定的；

（七）宣扬淫秽、赌博、暴力或者教唆犯罪的；

（八）侮辱或者诽谤他人，侵害他人合法权益的；

（九）危害社会公德或者民族优秀文化传统的；

（十）有法律、行政法规和国家规定禁止的其他内容的。

电影技术质量应当符合国家标准。

第二十六条 电影制片单位应当依照本条例第二十五条的规定，负责电影剧本投拍和电影片出厂前的审查。

电影制片单位依照前款规定对其准备投拍的电影剧本审查后，应当报电影审查机构备案；电影审查机构可以对报备案的电影剧本进行审查，发现有本条例第二十五条禁止内容的，应当及时通知电影制片单位不得投拍。具体办法由国务院广播电影电视行政部门制定。

第二十七条 电影制片单位应当在电影片摄制完成后，报请电影审查机构审查；电影进口经营单位应当在办理电影片临时进口手续后，报请电影审查机构审查。

电影审查收费标准由国务院价格主管部门会同国务院广播电影电视行政部门规定。

第二十八条 电影审查机构应当自收到报送审查的电影片之日起30日内，将审查决定书面通知送审单位。审查合格的，由国务院广播电影电视行政部门发给《电影片公映许可证》。

电影制片单位或者电影进口经营单位应当将《电影片公映许可证》证号印制在该电影片拷贝第一本片头处。审查不合格，经修改报送重审的，审查期限依照本条第一款的规定重新计算。

第二十九条 电影制片单位和电影进口经营单位对电影片审查决定不服的，可以自收到审查决定之日起30日内向国务院广播电影电视行政部门的电影复审机构申请复审；复审合格的，由国务院广播电影电视行政部门发给《电影片公映许可证》。

第四章 电影进口出口

第三十条 电影进口业务由国务院广播电影电视行政部门指定电影进口经营单位经营；未经指定，任何单位或者个人不得经营电影进口业务。

第三十一条 进口供公映的电影片，进口前应当报送电影审查机构审查。

报送电影审查机构审查的电影片，由指定的电影进口经营单位持国务院广播电影电视行政部门的临时进口批准文件到海关办理电影片临时进口手续；临时进口的电影片经电影审查机构审查合格并发给《电影片公映许可证》和进口批准文件后，由电影进口经营单位持进口批准文件到海关办理进口手续。

第三十二条 进口供科学研究、教学参考的专题片，进口单位应当报经国务院有关行政主管部门审查批准，持批准文件到海关办理进口手续，并于进口之日起30日内向国务院广播电影电视行政部门备案。但是，不得以科学研究、教学的名义进口故事片。

中国电影资料馆进口电影资料片，可以直接到海关办理进口手续。中国电影资料馆应当将其进口的电影资料片按季度向国务院广播电影电视行政部门备案。

除本条规定外，任何单位或者个人不得进口未经国务院广播电影电视行政部门审查合格的电影片。

第三十三条 电影进口经营单位应当在取得电影作品著作权人使用许可后，在许可的范围内使用电影作品；未取得使用许可的，任何单位和个人不得使用进口电影作品。

第三十四条 电影制片单位出口本单位制作的电影片的，应当持《电影片公映许可证》到海关办理电影片出口手续。

中外合作摄制电影片出口的，中方合作者应当持《电影片公映许可证》到海关办理出口手续。中外合作摄制电影片素材出口的，中方合作者应当持国务院广播电影电视行政部门的批准文件到海关办理出口手续。

中方协助摄制电影片或者电影片素材出境的，中方协助者应当持国务院广播电影电视行政部门的批准文件到海关办理出境手续。

第三十五条 举办中外电影展、国际电影节，提供电影片参加境外电影展、电影节等，应当报国务院广播电影电视行政部门批准。

参加前款规定的电影展、电影节的电影片，须报国务院广播电影电视行政部门审查批准。参加境外电影展、电影节的电影片经批准后，参展者应当持国务院广播电影电视行政部门的批准文件到海关办理电影片临时出口手续。参加在中国境内举办的中外电影展、国际电影节的境外电影片经批准后，举办者应当持国务院广播电影电视行政部门的批准文件到海关办理临时进口手续。

第五章　电影发行和放映

第三十六条　设立电影发行单位、电影放映单位，应当具备下列条件：

（一）有电影发行单位、电影放映单位的名称、章程；

（二）有确定的业务范围；

（三）有适应业务范围需要的组织机构和专业人员；

（四）有适应业务范围需要的资金、场所和设备；

（五）法律、行政法规规定的其他条件。

第三十七条　设立电影发行单位，应当向所在地省、自治区、直辖市人民政府电影行政部门提出申请；设立跨省、自治区、直辖市的电影发行单位，应当向国务院广播电影电视行政部门提出申请。所在地省、自治区、直辖市人民政府电影行政部门或者国务院广播电影电视行政部门应当自收到申请书之日起60日内作出批准或者不批准的决定，并通知申请人。批准的，发给《电影发行经营许可证》，申请人应当持《电影发行经营许可证》到工商行政管理部门登记，依法领取营业执照；不批准的，应当说明理由。

第三十八条　设立电影放映单位，应当向所在地县或者设区的市人民政府电影行政部门提出申请。所在地县或者设区的市人民政府电影行政部门应当自收到申请书之日起60日内作出批准或者不批准的决定，并通知申请人。批准的，发给《电影放映经营许可证》，申请人持《电影放映经营许可证》到所在地工商行政管理部门登记，依法领取营业执照；不批准的，应当说明理由。

第三十九条　电影发行单位，电影放映单位变更业务范围，或者兼并其他电影发行单位、电影放映单位，或者因合并、分立而设立新的电影发行单位、电影放映单位的，应当依照本条例第三十七条或者第三十八条的规定办理审批手续，并到工商行政管理部门办理相应的登记手续。

电影发行单位、电影放映单位变更名称、地址、法定代表人或者主要负责人，或者终止电影发行、放映经营活动的，应当到原登记的工商行政管理部门办理变更登记或者注销登记，并向原审批的电影行政部门备案。

第四十条 申请从事农村16毫米电影片发行、放映业务的单位或者个人，可以直接到所在地工商行政管理部门办理登记手续，并向所在地县级人民政府电影行政部门备案；备案后，可以在全国农村从事16毫米电影片发行、放映业务。

第四十一条 国家允许企业、事业单位和其他社会组织以及个人投资建设、改造电影院。

国家允许以中外合资或者中外合作的方式建设、改造电影院。具体办法由国务院广播电影电视行政部门会同国务院文化行政部门、国务院对外经济贸易主管部门按照有关规定制定。

第四十二条 电影片依法取得国务院广播电影电视行政部门发给的《电影片公映许可证》后，方可发行、放映。

已经取得《电影片公映许可证》的电影片，国务院广播电影电视行政部门在特殊情况下可以作出停止发行、放映或者经修改后方可发行、放映的决定；对决定经修改后方可发行、放映的电影片，著作权人拒绝修改的，由国务院广播电影电视行政部门决定停止发行、放映。

国务院广播电影电视行政部门作出的停止发行、放映的决定，电影发行单位、电影放映单位应当执行。

第四十三条 利用电影片制作音像制品的，应当遵守国家有关音像制品管理的规定。

任何单位和个人不得利用电影资料片从事或者变相从事经营性的发行、放映活动。

第四十四条 放映电影片，应当符合国家规定的国产电影片与进口电影片放映的时间比例。

放映单位年放映国产电影片的时间不得低于年放映电影片时间总和的三分之二。

第四十五条 电影放映单位应当维护电影院的公共秩序和环境卫生，保证观众的安全与健康。

第六章 电影事业的保障

第四十六条 国家建立和完善适应社会主义市场经济体制的电影管理体制，发展电影事业。

第四十七条 国家保障电影创作自由，重视和培养电影专业人才，重视和加强电影理论研究，繁荣电影创作，提高电影质量。

第四十八条 国家建立电影事业发展专项资金，并采取其他优惠措施，支持电影事业的发展。

电影事业发展专项资金缴纳单位应当按照国家有关规定履行缴纳义务。

第四十九条 电影事业发展专项资金扶持、资助下列项目：

（一）国家倡导并确认的重点电影片的摄制和优秀电影剧本的征集；

（二）重点制片基地的技术改造；

（三）电影院的改造和放映设施的技术改造；

（四）少数民族地区、边远贫困地区和农村地区的电影事业的发展；

（五）需要资助的其他项目。

第五十条 国家鼓励、扶持科学教育片、纪录片、美术片及儿童电影片的制片、发行和放映。

第五十一条 国家对少数民族地区、边远贫困地区和农村地区发行、放映电影实行优惠政策。

国家对从事农村 16 毫米电影片发行、放映业务的单位和个人予以扶持。具体办法由国务院广播电影电视行政部门、国务院文化行政部门会同国务院财政部门规定。

第五十二条 县级以上地方人民政府制定的本行政区域建设规划，应当包括电影院和放映设施的建设规划。

改建、拆除电影院和放映设施，应当报经所在地县级以上地方人民政府电影行政部门审查批准，县级以上地方人民政府电影行政部门应当依据国家有关规定作出批准或者不批准的决定。

第五十三条 县级以上地方人民政府电影行政部门和其他有关行政部门，对干扰、阻止和破坏电影片的制片、发行、放映的行为，应当及时采取措施予以制止，并依法查处。

大众传播媒体不得宣扬非法电影。

第七章　罚　则

第五十四条 国务院广播电影电视行政部门和县级以上地方人民政府电影行政部门或者其他有关部门及其工作人员，利用职务上的便利收受他人财物或者其他好处，批准不符合法定设立条件的电影片的制片、发行和放映单位，或者不履行监督职责，或者发现违法行为不予查处，造成严重后果的，对负有责任的主管人员和其他直接责任人员依照刑法关于受贿罪、滥用职权罪、玩忽职守罪或者其他罪的规定，依法追究刑事责任；尚不够刑事处罚的，给予降级或者撤职的行政处分。

第五十五条 违反本条例规定，擅自设立电影片的制片、发行、放映单位，或者擅自从事电影制片、进口、发行、放映活动的，由工商行政管理部门予以取缔；依照刑法关于非法经营罪的规定，依法追究刑事责任；尚不够刑事处罚的，没收违法经营的电影片和违法所得以及进行违法经营活动的专用工具、设备；违法所得5万元以上的，并处违法所得5倍以上10倍以下的罚款；没有违法所得或者违法所得不足5万元的，并处20万元以上50万元以下的罚款。

第五十六条 摄制含有本条例第二十五条禁止内容的电影片，或者洗印加工、进口、发行、放映明知或者应知含有本条例第二十五条禁止内容的电影片的，依照刑法有关规定，依法追究刑事责任；尚不够刑事处罚的，由电影行政部门责令停业整顿，没收违法经营的电影片和违法所得；违法所得5万元以上的，并处违法所得5倍以上10倍以下的罚款；没有违法所得或者违法所得不足5万元的，并处20万元以上50万元以下的罚款；情节严重的，并由原发证机关吊销许可证。

第五十七条 走私电影片，依照刑法关于走私罪的规定，依法追究刑事责任；尚不够刑事处罚的，由海关依法给予行政处罚。

第五十八条 出口、发行、放映未取得《电影片公映许可证》的电影片的，由电影行政部门责令停止违法行为，没收违法经营的电影片和违法所得；违法所得5万元以上的，并处违法所得10倍以上15倍以下的罚款；没有违法所得或者违法所得不足5万元的，并处20万元以上50万元以下的罚款；情节严重的，并责令停业整顿或者由原发证机关吊销许可证。

第五十九条 有下列行为之一的，由电影行政部门责令停止违法行为，没收违法经营的电影片和违法所得；违法所得5万元以上的，并处违法所得5倍以上10倍以下的罚款；没有违法所得或者违法所得不足5万元的，并处10万元以上30万元以下的罚款；情节严重的，并责令停业整顿或者由原发证机关吊销许可证：

（一）未经批准，擅自与境外组织或者个人合作摄制电影，或者擅自到境外从事电影摄制活动的；

（二）擅自到境外进行电影底片、样片的冲洗或者后期制作，或者未按照批准文件载明的要求执行的；

（三）洗印加工未取得《摄制电影许可证》、《摄制电影片许可证（单片）》的单位摄制的电影底片、样片，或者洗印加工未取得《电影片公映许可证》的电影片拷贝的；

（四）未经批准，接受委托洗印加工境外电影底片、样片或者电影片拷贝，或者未将洗印加工的境外电影底片、样片或者电影片拷贝全部运输出境的；

（五）利用电影资料片从事或者变相从事经营性的发行、放映活动的；

（六）未按照规定的时间比例放映电影片，或者不执行国务院广播电影电视行政部门停止发行、放映决定的。

第六十条 境外组织、个人在中华人民共和国境内独立从事电影片摄制活动的，由国务院广播电影电视行政部门责令停止违法活动，没收违法摄制的电影片和进行违法活动的专用工具、设备，并处30万元以上50万元以下的罚款。

第六十一条 未经批准，擅自举办中外电影展、国际电影节，或者擅自提供电影片参加境外电影展、电影节的，由国务院广播电影电视行政部门责令停止违法活动，没收违法参展的电影片和违法所得；违法所得 2 万元以上的，并处违法所得 5 倍以上 10 倍以下的罚款；没有违法所得或者违法所得不足 2 万元的，并处 2 万元以上 10 万元以下的罚款。

第六十二条 未经批准，擅自改建、拆除电影院或者放映设施的，由县级以上地方人民政府电影行政部门责令限期恢复电影院或者放映设施的原状，给予警告，对负有责任的主管人员和其他直接责任人员依法给予纪律处分。

第六十三条 单位违反本条例，被处以吊销许可证行政处罚的，应当按照国家有关规定到工商行政管理部门办理变更登记或者注销登记；逾期未办理的，由工商行政管理部门吊销营业执照。

第六十四条 单位违反本条例，被处以吊销许可证行政处罚的，其法定代表人或者主要负责人自吊销许可证之日起 5 年内不得担任电影片的制片、进口、出口、发行和放映单位的法定代表人或者主要负责人。

个人违反本条例，未经批准擅自从事电影片的制片、进口、发行业务，或者擅自举办中外电影展、国际电影节或者擅自提供电影片参加境外电影展、电影节的，5 年内不得从事相关电影业务。

第六十五条 未按照国家有关规定履行电影事业发展专项资金缴纳义务的，由省级以上人民政府电影行政部门责令限期补交，并自欠缴之日起按日加收所欠缴金额万分之五的滞纳金。

第六十六条 依照本条例的规定实施罚款的行政处罚，应当依照有关法律、行政法规的规定，实行罚款决定与罚款收缴分离；

收缴的罚款应当全部上缴国库。

第八章　附　则

第六十七条　国家实行《摄制电影许可证》和《电影发行经营许可证》、《电影放映经营许可证》年检制度。年检办法由国务院广播电影电视行政部门制定。

第六十八条　本条例自 2002 年 2 月 1 日起施行。1996 年 6 月 19 日国务院发布的《电影管理条例》同时废止。

转发广电总局等部门
关于做好农村电影工作意见的通知

国务院办公厅　2007 年 5 月 22 日　国办发〔2007〕38 号

各省、自治区、直辖市人民政府，国务院各部委、各直属机构：

广电总局、发展改革委、财政部、文化部《关于做好农村电影工作的意见》已经国务院同意，现转发给你们，请认真贯彻执行。

关于做好农村电影工作的意见

为贯彻落实党的十六届五中、六中全会精神，努力实现《中华人民共和国国民经济和社会发展第十一个五年规划纲要》和《国家“十一五”时期文化发展规划纲要》提出的关于农村电影放映工程的目标，按照党中央、国务院关于构建社会主义和谐社会、推进社会主义新农村建设和进一步加强农村文化建设的部署，现就做好农村电影工作提出以下意见：

一、充分认识做好农村电影工作的重要性和必要性

（一）做好农村电影工作，努力让广大农民群众看到、看好电影，是贯彻落实党的十六届五中、六中全会精神的重要举措和建设社会主义新农村的重要内容，对于宣传党和国家的路线方针政策，发展农村先进文化，实现和保障农民群众的基本文化权益，普及科学技术知识，提高农民群众的思想道德、科学文化素质，丰富农民群众精神文化生活，促进农村经济社会协调发展，具有

十分重要的意义。

（二）近年来，通过实施农村电影放映工程，全国农村电影尤其是西部和老少边贫地区农村电影的基础设施初步改善，放映场次和观众人次逐渐增加，农村题材影片创作数量不断增多、质量稳步提高。但是，农村电影的发展水平、服务水平、市场发育水平不高，农村电影放映的体制机制改革还需进一步深化，适合农村放映的高质量影片不多，难以满足农民群众日益增长的精神文化需要，迫切需要采取有效措施，加强农村电影工作，加快推进农村电影事业的发展。

二、做好农村电影工作的总体要求和目标任务

（三）做好农村电影工作的总体要求是：全面贯彻落实科学发展观，坚持社会效益第一的原则，按照“企业经营、市场运作、政府买服务”的农村电影改革发展新思路，深化农村电影改革，探索建立多种所有制、多种发行放映主体和多种发行放映方式相结合的新模式，鼓励农村电影跨地区经营，促进农村电影放映的规模化发展，扩大适合农民群众观看的影片创作生产和片源供应，从根本上解决广大农民群众看电影难的问题。

（四）做好农村电影工作的目标任务是：加强农村题材影片创作的规划和生产，推进农村电影放映工程，普及数字电影放映技术，提高放映质量，完善放映基础设施建设，培育农村电影放映的新主体，建立公益放映补贴的新机制，推动露天放映与室内放映相结合、免费放映与有偿放映相结合、胶片放映与数字放映相结合并逐步向数字放映过渡，不断扩大农村电影覆盖面，到2010年基本实现全国行政村一村一月放映一场电影的公益服务目标。

三、加强农村电影工作的政策措施

（五）扶持农村题材影片的创作生产。按照贴近实际、贴近

生活、贴近群众的“三贴近”原则，鼓励广大电影工作者深入农村、深入生活、深入农民群众，为农民群众拍摄健康向上、喜闻乐见的优秀影片。国家每年资助20部农村题材故事片、30部农村实用科教片的生产，并对国产优秀故事片、科教片的生产，对面向农村发行放映的胶片转数字影片以及购买版权、拷贝缩制等给予适当补贴。

（六）推进农村电影体制机制改革。支持各类社会资本参与农村电影工作，通过引进市场竞争机制，培育发展国有、民营、个体等各类农村电影发行放映新主体、农村电影院线公司和多种形式放映队伍，大力推动国有农村电影发行放映单位的股份制、院线制改革和机制创新。从事农村电影发行、放映的单位和个人，向所在地县级或县级以上电影主管部门备案后，到所在地工商部门办理登记手续，即可从事农村电影发行、放映业务。从事农村电影发行、放映的单位可享受国家相关的优惠经济政策。

（七）推广农村电影数字化放映。积极改进并研发数字电影放映新设备，探索数字化放映的新模式，提高国产化生产能力，建立覆盖广大农村的数字电影服务网络，为农民群众提供优质、快捷、方便的电影数字化放映服务。进一步完善国家农村数字电影技术服务平台和监管平台建设，每年提供200部胶片电影转数字电影的服务。

（八）扶持农村电影公益性放映。国家每年选定不低于60部的农村题材故事片和不低于30部的科教片，委托指定单位集中购买公益放映版权后，向全国农村发行。国家继续为中西部地区配送电影流动放映车和流动放映设备，对中西部地区农村电影放映给予一定场次补贴，有关地区政府要确保其全部用于农村电影放映。地方各级人民政府要认真落实本地区农村电影经费，对农村电影公益放映场次也给予部分补贴，并确保及时到位。国家有关部门要对少数民族地区的电影民族语译制设备予以资助，尽快解决数字电影民族语译制问题，积极推进少数民族地区农村电影的数字化放映。

四、加强组织领导，建立农村电影公共服务工作长效机制

（九）地方各级人民政府要高度重视农村电影工作，将其列入议事日程，纳入当地国民经济和社会发展规划、纳入文化体制改革统筹考虑。要落实领导责任制和工作责任制，建立政府分管负责同志牵头，广电、发展改革、财政、文化等有关部门共同参与的工作协调机制。

（十）各地要采取有效措施，加强农村电影放映队伍建设，大力培育多种类型的农村电影放映队伍，加大培训力度，逐步提高放映队伍的整体素质和技能，对做出突出贡献的农村电影院线公司和农村放映员予以表彰奖励。

（十一）各地要按照中央关于农村文化建设的总体部署，加强科技创新和体制机制创新，建立以数字放映为龙头，院线为纽带，乡为重点，村为基点，政府扶持和市场服务相协调的农村电影发行放映新体系。

（十二）各地要建立完善政府资助设备的运行维护机制。国家对农村数字电影放映设备进行集中招标采购，相关配套设备由地方统一招标采购。对政府资助设备，各地要探索实行所有权和经营权相分离的运营模式，通过公开招标经营等方式，提高设备使用效率，为农民群众提供高质量服务。政府资助设备由省级或市（地）级电影主管部门招标或委托招标给农村数字院线公司经营，院线公司通过提取放映设备更新资金或折旧等方式使其保值增值，用于扩大再生产。各级电影主管部门负责对政府资助设备进行监督、管理。

关于促进电影产业繁荣发展的指导意见

国务院办公厅　2010年1月21日　国办发〔2010〕9号

各省、自治区、直辖市人民政府，国务院各部委、各直属机构：

电影是深受人民群众喜爱的文化娱乐形式之一，电影产业属于科技含量高、附加值高、资源消耗少、环境污染小的文化产业。大力繁荣发展电影产业，对于加强社会主义文化建设、满足人民群众精神文化需求、促进经济社会协调发展，对于扩大中华文化国际竞争力和影响力，增强国家文化软实力具有重要意义。近年来，电影业深化改革、锐意创新，产品日益丰富、市场日益活跃，取得了良好的社会效益和经济效益。为深入贯彻党的十七大关于推进社会主义文化大发展大繁荣的重大部署，认真落实中央应对国际金融危机、保持经济平稳较快发展、加快文化产业发展的决策部署，促进电影产业的繁荣发展，经国务院同意，现提出以下指导意见。

一、总体要求、基本原则和发展目标

（一）总体要求

以邓小平理论和“三个代表”重要思想为指导，深入贯彻落实科学发展观，按照高举旗帜、围绕大局、服务人民、改革创新的总要求，牢牢把握正确导向，坚持“二为”方向和“双百”方针，弘扬社会主义核心价值体系，走中国特色电影发展道路，以丰富产品和加快产业发展为主题，以改革创新为动力，以数字化技术为支撑，以现代化基础设施为依托，以科学化管理为保障，以满足人民群众日益增长的精神文化需求为出发点和落脚点，大力推动我国电影产业跨越式发展，实现由电影大国向电影强国的历史性转变。

（二）基本原则

1．坚持正确方向、科学发展。准确把握电影的意识形态和文化商品双重属性，发挥电影的审美娱乐和教育双重功能，遵循社会主义市场经济和艺术创作生产双重规律，始终把社会效益放在首位，努力实现社会效益与经济效益相统一。

2．坚持以人为本、服务大众。着眼于保障人民群众基本文化权益、满足人民群众多层次、多方面、多样性精神文化需求，着力丰富产品、繁荣市场，提高质量、改善服务，引导消费、促进增长。

3．坚持市场运作、政府推动。充分发挥市场在推动电影产业发展中的基础性作用，多渠道筹集资金。强化市场运作与政府扶持相结合、产业经营与公益服务相结合，通过深化改革、完善政策，加强法制建设，大力推动体制机制创新、艺术创新、科技创新、经营创新和管理创新，立足国情，学习借鉴世界优秀文化，不断增强电影产业发展的生机和活力。

4．坚持重点突破、整体推进。紧紧抓住电影产业改革发展的关键环节、重点问题，着力实施好精品战略、骨干企业品牌战略和重点工程、重要项目带动战略，以点带面，努力增强电影产业的整体实力、竞争力和影响力。

（三）发展目标

总体目标是：到2015年底，通过改革创新、加大投入、加快发展，建立健全市场公平竞争、企业自主经营的电影产业运营体系，市场运作、企业经营、政府购买、群众受惠的电影公共服务体系，依法行政、科学调控、保障有力、管理有效的电影行政管理体系和覆盖城乡的电影数字化发行放映网络，全面提高电影的创作生产能力、经营管理能力、科技创新能力、公共服务能力和国际传播能力，多出精品、多出人才、多出效益，不断满足城乡群众日益增长的精神文化需求。

1．创作经营能力和品牌影响力显著提高。形成若干主业突出、品牌名优、实力雄厚、竞争力强的大型骨干电影企业。

2．科技支撑作用显著增强。电影科技研发和质量检测工作得到加强，技术标准体系和技术服务监管平台建立健全，电影数字化技术装备水平大幅提高，电影制作加工质量明显改善，电影数字化转换、修护、存储、传输、放映，动画软件开发等取得重大进展。

3．基础设施建设明显改善。电影数字化发行放映网络日益完善。电影院规模迅速扩大，基本实现全国地级市、县级市和有条件县城的数字影院覆盖。2009 年至 2012 年基本完成地级市数字影院建设改造任务，完成部分县级市数字影院建设改造任务；2013 年至 2015 年基本完成县级市和有条件县城的数字影院建设改造任务。东部地区和有条件的地方可率先建设。

4．产品丰富多彩。电影质量大幅提高，产量稳步增长，形成多类型、多品种、多样化的创作生产格局，确保每年推出一批贴近实际、贴近生活、贴近群众的精品力作。

5．产业综合效益明显增长。国产影片市场规模和份额持续扩大，观众人次、放映场次倍增，投入产出良性循环，电影经济总量年均增长速度达到 20% 以上，同时带动相关产业发展，衍生产业链条明显加长，综合效益显著增长，使电影产业成为我国服务业的重要组成部分。

6．公共服务能力显著加强。加强农村和学校数字电影院线建设，改善放映条件，提供公益服务，确保每个行政村每月放映一场电影，确保每个学期为中小学生放映两场爱国主义教育影片。

7．国际竞争力日益提高。积极推动电影走出去，培育有国际竞争力和影响力的电影国际传播企业，开发适应国际市场需求的国产影片；通过在境外举办公益性的中国电影展、参加国际电影节和组织商业性的海外推广营销活动，不断提高国产影片的国际影响力、竞争力和市场占有率，不断增强国家文化软实力。

二、主要措施

（一）大力繁荣创作生产

在数量稳定增长的同时，更加突出提高质量，面向群众、面向市场，大力实施精品战略，努力多出优秀作品。弘扬主旋律，提倡多样化，精心组织生产好弘扬民族精神和时代精神，讴歌真善美、鞭挞假丑恶，反映现实生活和人民主体地位的重点影片，着力强化思想性、艺术性和观赏性的有机统一，充分发挥电影在振奋精神、增强信心、凝聚力量、促进和谐方面的积极作用。积极扶持现实、农村、少数民族以及少儿题材的电影故事片创作，积极促进动画片、纪录片、科教片以及适合网络、手机等新媒体新形式传播的产品的生产，努力形成多类型、多品种、多样化的电影创作生产格局。切实加强影视制作、动漫等产业基地建设，努力推进电影创作生产的集约化、规模化发展。加强特种电影的研发。进一步改进政府评奖，开展积极健康的文艺批评，努力营造良好创作环境。建立健全政府资金投入机制，继续执行电影精品专项资金等制度，使政府资金在引导创作、繁荣创作方面发挥更大的效益。进一步落实《国务院办公厅转发财政部中宣部关于进一步支持文化事业发展若干经济政策的通知》（国办发〔2006〕43

号）要求，继续设立电影精品专项资金，用于扶持本区域重点影片拍摄项目。充分运用文化产业发展资金，加大对电影创作生产的扶持力度。

（二）积极培育新型企业

加快推进国有电影事业单位转企改制和公司制、股份制改造。贯彻落实《国务院办公厅关于印发文化体制改革中经营性文化事业单位转制为企业和支持文化企业发展两个规定的通知》（国办发〔2008〕114号）等有关文件精神，加强政策和资金支持。以创新企业品牌为核心，以提高影片质量和市场营销能力为龙头，整合制片发行放映资源，延伸产业链条，推进跨区域、跨行业、跨所有制发展，着力培育发展一批国有或国有控股龙头骨干企业，增强国有经济控制力和活力。加快发展一大批“专、精、特、新”的中小企业。鼓励社会资本投资，积极发展多种所有制形式的电影生产企业，在法律法规许可范围内，减少审批环节，简化审批手续，优化审批服务。对非公有制电影企业在投资核准、土地使用、财税政策、融资服务、对外贸易等方面给予国有电影企业同等待遇。

（三）继续扩大院线经营规模

进一步深化院线制改革，大力发展跨区域规模院线、特色院线和数字院线。积极探索院线经营规律、营销方式和管理经验，加强全国电影放映票务系统建设和管理，不断提高影院经营服务水平。着力发展主流院线市场，大力开发二级市场和社区电影市场、农村放映市场，积极开发电影的电视点播、家庭影院放映、互联网点播、手机等移动多媒体播映等市场，加快形成传输快捷、覆盖广泛、层次多样的现代电影市场体系。进一步扩大国产影片发行放映，认真落实年放映国产电影时间不低于年放映时间总和三分之二的有关规定，切实加强国产影片发行放映考核奖励。继续执行国家电影事业发展专项资金制度，用于加强电影行业宏观调控和促进国产电影发行放映。

（四）大力支持城镇数字影院建设

将城镇数字影院建设和改造任务纳入国民经济和社会发展规划，纳入文化产业发展规划和精神文明建设总体部署，纳入城乡建设和土地利用总体规划重点推进。坚持政府推动和市场运作相结合，采取信贷、税收优惠、补贴奖励等多种手段和措施，加强城镇数字影院建设，鼓励各类资本投资建设商业影院和社区影院。国家给予必要资金支持中西部地区中小城市及县城的影院建设，各地对建设项目选址、立项、征地、投入、办证等给予大力支持。对城镇数字影院建设使用国有土地符合土地利用总体规划和城市规划的，给予土地供应支持，其中只有一个意向用地者的，可按法律法规规定以协议方式供地。投资者要专地专用，不准改变用向。

（五）鼓励加大投融资政策支持

鼓励金融机构加大对电影企业的金融支持力度，积极引导和鼓励金融机构拓展适合电影产业发展的融资方式和配套金融服务；对符合信贷条件的电影企业，金融机构应合理确定贷款期限和利率，提高服务质量和效率。支持具备条件的电影企业通过发行企业债券、短期融资券、中期票据和利用银行贷款等多种融资手段，多方面拓宽融资渠道，扩大规模，壮大实力。积极推动符合条件的国有和国有控股电影企业重组上市。积极探索建立电影风险投资机制，各地可以利用中小企业创业、发展等投资基金支持电影风险投资，鼓励大型企业通过参股、控股等方式投资电影，鼓励有实力的企业、团体依法发起组建各类电影投资公司，努力培育电影领域战略投资者。

（六）积极推动科技创新

鼓励开展电影产业领域基础性、战略性和前瞻性的新技术研发和应用，努力构建以企业为主体、市场为导向、产学研相结合的电影技术创新体系，鼓励电影技术企业开展电影技术研发和基础设施设备改造。实施电影数字化发展规划，大力推广数字技术在电影制作、发行、放映、存储、监管等环节的应用。提高国家中影数字电影制作基地的经营管理水平，形成集约化生产能力。引进消化吸收国际先进技术，加强自主创新，加快完善符合我国电影产业发展要求的数字电影标准体系，提高电影数字设备国产化水平。研究开发数字电影技术服务体系，加快建设全国和省级电影数字化服务监管平台，完善 0.8K 数字电影流动放映，1.3K、2K 数字电影放映的市场服务和技术监管系统。加快研发网络实时监控系统技术，完善数字化分发和接收系统。抓紧实施资料影片数字化修护工程，加快数字影片节目库的建设和利用。

（七）全面加强公共服务

大力实施农村电影数字化放映工程。积极培育发展多种所有制形式的农村电影院线公司和农村电影放映队，普及数字化流动放映，有条件的地方可充分利用乡镇综合文化站、村文化室建立固定放映点；建立健全公共财政保障机制和公益版权片源保障机制，加大投入、改善服务、创新机制、加强管理，积极推动农村电影放映规范化、制度化、长效化；鼓励电影企业深入城乡社区、厂矿、校园、军营和广场等开展公益放映活动。大力提倡电影发行放映企业采取优惠票价等多种方式满足农民工、城市低收入居民等群体的观影需求；继续加大对少数民族语言电影译制工作的扶持力度，保障少数民族群众看懂看好电影。将观看爱国主义教育影片纳入中小学、中等职业学校教育教学计划。农村义务教育阶段学校为学生放映的爱国主义电影所需经费从公用经费中开支，城市义务教育阶段学生的影视教育经费纳入公用经费开支范围。

（八）努力增强国际影响力

积极实施电影“走出去”战略，落实国家鼓励和支持文化产品和服务出口优惠政策，通过现有渠道，加大对电影产品和服务出口支持力度，努力形成长效机制。加快培育海外营销的市场主体，加大国产影片海外推广营销力度，拓展渠道，完善网络，探索建立国产影片海外推广营销体系，推动国产影片进入国际主流电影市场；支持电影企业、电影作品参加重要的国际电影节展和交易市场，进一步办好“上海国际电影节”等活动；推动“中国电影频道”等采用频道时段合作、有线电视网络租用及互联网等新媒体手段加快海外落地步伐，扩大用户规模；积极与各国政府、国际电影节展组委会、电影机构、社会组织、行业协会等建立广泛友好的合作推广机制，进一步加强对外合作拍片，继续举办好中国电影展等活动，努力增强国际影响力。

（九）不断完善监管体系

抓紧推动建立完善促进电影产业发展的法律法规和政策体系，重点推进电影产业促进法的制定和公布实施，制定和完善深化电影改革的相关配套政策。加快地方电影行政管理职能归口划转工作，着力推进各级广电部门进一步转变职能、理顺关系、优化结构、提高效能，建立权责一致、分工合理、执行顺畅、监督有力的电影行政管理体制，不断提高依法行政水平。严格执行各项管理制度，强化市场准入管理，严把立项、备案、审查、发行放映和播出等关口，规范互联网电影传播秩序。切实加大执法力度，综合运用法律、行政、经济、技术等手段强化监管，防控各种形式的非法电影，坚决打击电影走私、盗版等违法犯罪活动，保护与电影有关的知识产权，规范放映行为，维护市场秩序。统一规范电影产业数据统计工作，保证电影市场信息全面、准确、公开、透明。充分发挥电影行业协会、专业学会等社团组织的作用，加强行业自律，树立良好形象。

（十）大力加强队伍建设

创造条件，完善措施，积极发展电影高等教育和职业教育，加强在职人员的学习培训和实践锻炼，努力造就遵纪守法、爱国敬业、德艺双馨、技艺精湛、具有广泛社会影响力的优秀人才，重点加强创作、技术、经营、管理等各类专业人才队伍建设。高度重视青年人才的培养和使用，不断优化人才队伍结构。高度重视既懂艺术又懂现代信息技术的复合型人才，既懂经营管理又有外语交流能力、熟悉国际运作的外向型人才的培养。积极深化人事制度改革，建立和完善优秀电影人才脱颖而出的体制机制。

三、加强组织领导，认真贯彻落实

各地要从全局高度，充分认识繁荣发展电影产业的重要意义，将促进电影产业繁荣发展摆上重要议事日程，纳入当地经济社会文化发展总体规划和布局，加强领导，周密部署，完善配套，强化措施，推进电影产业繁荣发展。要按照本意见确定的目标任务和要求，结合当地实际，抓紧制定具体实施意见，确保取得实效。各有关部门和单位要按照职能分工，加强沟通协商，密切配合，尽快制定完善各项配套政策措施和办法，并切实加强指导和监督检查。各级广电部门要切实强化责任意识，认真抓好具体实施工作，及时研究新情况、解决新问题。

规章、规范性文件

·综合·

广播电影电视行政处罚程序暂行规定

1996年12月19日广播电影电视部令第20号公布

第一章　总　则

第一条　为维护广播电影电视行政管理秩序，规范广播电影电视行政处罚行为，保护公民、法人和其它组织的合法权益，依据《行政处罚法》，制定本规定。

第二条　县级以上（含县级）广播电影电视行政机关和经法律、法规授权具有行政处罚权的县级以上广播电影电视管理部门实施行政处罚，适用《行政处罚法》和本规定。

广播电影电视行政机关可以根据工作需要，委托符合《行政处罚法》第十九条规定的组织实施行政处罚，受委托的组织实施行政处罚，适用《行政处罚法》和本规定。

第三条　实施广播电影电视行政处罚，必须以事实为依据，与违法行为的性质、情节以及社会危害程度相当。

第四条　实施广播电影电视行政处罚，必须以法律、法规、规章和规范性文件为依据。

第五条　实施广播电影电视行政处罚的执法人员，必须依法履行告知义务，维护当事人合法权益。

第六条　查处违反广播电影电视行政管理的案件，必须责令当事人立即改正或限期改正其违法行为，并遵循先取证，后裁决的原则。

调查取证要全面、客观、公正；调查程序必须合法。

第七条 实施广播电影电视行政处罚，由违法行为发生地的有行政处罚权的县级以上（含县级）广播电影电视管理部门管辖。法律、法规和规章另有规定的除外。

第八条 对管辖发生争议的，应报请上一级广播电影电视行政部门指定管辖。

上级广播电影电视行政部门认为必要的，可以直接管辖。

第九条 执法人员在查处案件时，应持有广播电影电视部统一颁发的行政执法证，并不得少于两人。

有下列情形之一的，执法人员应当自行回避。当事人也可申请其回避。

（一）本案当事人或当事人、代理人的近亲属；

（二）与本案有利害关系；

（三）与本案当事人有其它关系，可能影响案件公正处理的。

回避决定由本单位主管负责人作出。

第十条 实施广播电影电视行政处罚时，对当事人的同一个违法行为，不得给予两次以上的罚款处罚。

第十一条 对违反广播电影电视行政管理构成犯罪的，应当移交司法机关。

第十二条 违反广播电影电视行政管理的行为在二年内未被发现的，不再予以处罚。法律另有规定的除外。

前款规定的期限，从违法行为发生之日起计算；违法行为有连续或继续状态的，从行为终了之日起计算。

第二章　简易程序

第十三条　对违法事实清楚，情节较轻，应给予警告或对公民处以五十元以下、对法人处以一千元以下罚款的，执法人员可以当场作出行政处罚决定，并将处罚决定书交付当事人。

第十四条　执法人员当场作出处罚决定的，应当履行下列职责：

（一）出示执法身份证件；

（二）指出当事人的违法事实及应受处罚的理由和依据；

（三）听取、答复当事人的申辩和询问，并告知当事人有依法提起行政复议、行政诉讼等权利；

（四）宣布应给予的行政处罚，并填写行政处罚决定书。

第十五条　执法人员可当场收缴二十元以下的罚款，并向当事人出具省级财政部门的统一罚款收据。

依前款规定收缴的罚款，执法人员应当自收缴罚款之日起二日内交本单位，并由本单位统一向指定的银行移交。

第十六条　适用简易程序决定处罚二十元以上一千元以下罚款的，由当事人自收到决定书后十五日内到指定银行缴纳。

第十七条　当场作出行政处罚的处罚决定书，应当备案。

第三章　一般程序

第十八条　对给予当场处罚以外的行政案件，应当及时制作立案报告报批。

第十九条　经批准决定立案查处的，执法人员应当进行调查，并制作调查笔录、现场笔录等。

第二十条　执法人员进行调查取证，应当履行下列职责：

（一）出示执法身份证件；

（二）制作调查笔录或现场笔录；

（三）制作其它应调查事项的笔录。

第二十一条 调查笔录或现场笔录应由当事人或在场的有关人员核对后签字盖章。

对拒不签字盖章的，可由在场的执法人员签字盖章并注明情况。

第二十二条 执法人员应及时制止当事人的违法行为，避免造成严重后果。

第二十三条 执法人员可采取询问、抽样检查、拍摄等方式收集证据。

对可能灭失或以后难以取得的证据，经本单位主管负责人批准后，可进行登记保存，并填写登记保存清单或现场笔录。

第二十四条 对登记保存的证据应视情况选择适当场所妥善保存，并于七日内做出处理决定。在此期间，任何人不得擅自动用、销毁或转移证据。

第二十五条 执法人员依法律、法规规定采取强制措施，须经本单位的主管负责人批准。

第二十六条 执法人员认为案件基本事实已查清，应拟出案件处理意见书，并将案件处理意见书的副本和当事人回执通知一并于三日内送达当事人。

送达人可当场收回当事人回执通知，也可限期收回。

当事人在限期内无正当理由未交回执的，视为当事人放弃其申辩、听证的权利。

第二十七条 执法人员收到当事人回执后，应作出修改或不修改案件处理意见书的建议，报本单位主管负责人审查。

第二十八条 本单位主管负责人必须对案件处理意见书进行审查，根据不同情况分别作出如下决定：

（一）确有应受行政处罚的违法行为的，根据情节轻重及具体情况，作出行政处罚决定；

（二）违法行为轻微，依法可以不予行政处罚的，不予行政处罚；

（三）违法事实不能成立，不得给予行政处罚；

（四）违法行为已构成犯罪，应当移送司法机关。

对情节复杂或重大的违法行为，需给予较重的行政处罚的，应由本单位负责人集体讨论决定。

对集体讨论的行政处罚案件，实行首长负责制。

第二十九条 对决定给予行政处罚的，依《行政处罚法》第三十九条之规定制作行政处罚决定书，并于七日内直接送达当事人。

第三十条 处罚决定书可依据《民事诉讼法》规定的有关程序送达。

当事人对送达的处罚决定书应当签收。挂号邮寄、公告送达的除外。

对行政处罚决定书拒不签收的，送达人可留置送达，并写明未签收的理由。

第三十一条 行政处罚决定一经作出，当事人应当在行政处罚决定的期限内，予以履行。

当事人对行政处罚决定提出行政复议、行政诉讼的，行政处罚不停止执行。法律另有规定的除外。

第三十二条 适用一般程序作出罚款处罚决定的，由当事人持处罚决定书于十五日内到指定银行缴纳。

但对于不当场收缴，事后难以收缴的罚款，可以当场收缴。

第三十三条 对当事人逾期不缴纳罚款的，每日按罚款数额的3%加处罚款；

对当事人逾期不履行行政处罚决定的，可申请人民法院强制执行。

第三十四条 对没收的非法物品或设施，应当交由有拍卖经营权的单位拍卖或根据省、自治区、直辖市人民政府对没收非法物品的统一规定执行。

第三十五条 对于罚款、没收的违法所得及没收非法物品或设施的拍卖款项，必须依法上缴国库。

第三十六条 行政处罚案件执行完毕，应当制作结案报告。

第四章 听证程序

第三十七条 在作出责令停产停业、吊销许可证或执照及较大数额罚款的行政处罚之前，当事人要求进行听证的，应当举行听证。

当事人要求听证的，应当在告知其有听证权利的三日之内提出。

第三十八条 对较大数额罚款的听证标准，按省、自治区、直辖市人大常委会或人民政府制定的标准执行。

广播电影电视部决定罚款十万元以上（含十万元）的，当事人可以要求听证。

第三十九条 举行听证活动，应当确定听证主持人和记录人以及听证的时间、地点，并于举行听证的七日前通知当事人及相关人员。

听证应由本单位的法制机构或与本案无关的机构的人员主持。

第四十条 听证活动应当公开举行。但涉及国家秘密、商业秘密或个人隐私的除外。

第四十一条 听证的辩题由听证主持人确定和引导，听证活动应当遵循以下规则：

（一）由听证主持人宣布听证会开始、听证纪律并告知当事人听证中的权利和义务；

（二）由听证主持人询问当事人、案件调查人员、证人和其它有关人员，并要求出示有关证据材料；

（三）由当事人或其代理人与本案调查人员从事实和法律上进行答辩，并对证据进行质证；

（四）对双方争执不下的问题，听证主持人有权终止听证辩论；

（五）辩论结束后，由当事人作最后陈述；

（六）听证主持人宣布听证会结束；

（七）听证应当制作记录，并由参加人员核对无误后签字或盖章。

对听证主持人的回避，适用本规定第九条第二款之规定。

听证主持人是否回避，由本单位首长决定。

第四十二条 对当事人要求新的证人出席听证或举出新的证据需要认定时，听证程序可以中止，并延期举行。

延期举行的具体时间可另行通知。

第四十三条 听证记录应与本规定第二十七条规定的文件一并上报。

第五章　行政处罚备案程序

第四十四条　对行政处罚案件的法律文书和案件有关材料，应当按照下列顺序及时归档：

（一）案卷封面；

（二）案卷材料目录；

（三）立案批件；

（四）处罚决定书（或其它决定书）；

（五）结案报告；

（六）调查笔录；

（七）行政处罚意见书（正本）；

（八）当事人回执通知；

（九）听证笔录；

（十）其它讨论记录；

（十一）登记保存单；

（十二）强制措施记录；

（十三）财产处理单据；

（十四）其它有关的材料；

（十五）案卷封底。

对虽予以立案，但未作处罚决定或暂时调查不清不能作出决定的案件材料，也应按前款规定归档。

第四十五条　行政处罚案卷必须一案一卷，并经立卷人签字盖章。

任何人不得私自增添或抽取案卷材料。未经许可，不得擅自借阅。

第四十六条　对广播电影电视行政处罚案件，应填写《处罚案件上报表》，于每季度末上报上一级主管机关备案。

第六章　法律责任

第四十七条　上级行政主管机关，对违反本规定实施行政处罚的，应当责令其改正。情节严重的，依照《行政处罚法》的有关规定进行处理。

第四十八条　对违反法律、法规和本规定，实施行政处罚造成行政赔偿的直接责任人和主管负责人，应视情节轻重，给予行政处分或承担全部或部分赔偿费用。

第四十九条　执法人员玩忽职守，对应当予以制止和处罚的违法行为不予制止或处罚，致使广播电影电视管理秩序或公民、法人、其它组织的合法权益遭受损害的，应当视其情节轻重，给予行政处分；情节严重构成犯罪的，依法追究刑事责任。

第七章　附　则

第五十条　本规定的“当事人回执通知”、“处罚决定书”等法律文书以及《处罚案件上报表》，按广播电影电视部统一规定的样本制作。

第五十一条　本规定自发布之日起施行。

广播影视节（展）及节目交流活动管理规定

2004年9月7日国家广播电影电视总局令第38号公布 根据2016年5月4日国家新闻出版广电总局令第8号《关于修订部分规章的决定》修订

第一条 为规范广播影视节（展）及节目交流活动，促进中外广播影视交流，根据《广播电视管理条例》和《电影管理条例》，制定本规定。

第二条 举办国际性广播影视节（展）、节目交流活动和设评奖的全国性广播影视节（展），须经国务院广播影视行政部门批准。

第三条 国家鼓励国产电影片、电视剧（含影视动画片）和其他广播影视节目参加境内外广播影视节（展）、节目交流活动。

在境内外广播影视节（展）参赛及展播展映的国产电影片、电视剧（含影视动画片），须取得《电影片公映许可证》或《电视剧（电视动画片）发行许可证》；其他广播电视节目，应符合《广播电视管理条例》有关节目内容的要求。

第四条 在境内外举办国际性广播影视节（展）、中外政府间广播影视节（展）和设评奖的全国性广播影视节（展），由国务院广播影视行政部门举办或与国家相关政府部门、地方政府等联合举办。

全国性广播影视社会团体、行业组织经国务院广播影视行政部门批准可以举办设评奖的全国性广播影视节（展）。

第五条 国家鼓励各相关单位依法与境外国家（地区）开展对等交流互办电影展映等活动。

在京的中央单位及其直属机构在境内举办上述活动须报国务院广播影视行政部门批准。其他单位在境内举办上述活动，如涉及多个国家（地区），该活动须报国务院广播影视行政部门批准；如只涉及单一国家（地区），须报省级广播影视行政部门批准，其拟展映的境外影片须经省级广播影视行政部门审查，批准时应同时抄报国务院广播影视行政部门。

第六条 国际性广播影视科研、学术交流活动可由全国性广播影视社会团体、行业组织或广播影视科研、教学、研究机构举办，须报国务院广播影视行政部门批准。拟展映的境外影片须报国务院广播影视行政部门审查批准。

第七条 在综合性文化活动中举办涉外电影展映活动的，举办单位须持文化行政部门对该综合性文化活动的批准文件，按照本规定的有关规定，报国务院广播影视行政部门或者相关省级广播影视行政部门审查批准。

第八条 国家鼓励我国驻外使、领馆举办非商业性的中国电影展映活动。驻外使、领馆如代表中国选送影片参加在所在国举办的电影节，应商国务院广播影视行政部门同意。

第九条 赴境外举办中国广播影视节（展），可由广播影视行政部门、社会团体、行业组织、企事业单位等举办，须符合国家外交和对我国港、澳、台工作的有关方针、政策，事先报国务院广播影视行政部门备案。

第十条 申请举办国际性广播影视节（展）、节目交流活动和设评奖的全国性广播影视节（展），应当具备下列条件：

（一）符合国务院广播影视行政部门的整体布局和规划要求；

（二）如设评奖，应符合国家有关文艺评奖的规定；

（三）成立举办活动的专门工作机构和制定切实可行的办节（展）方案；

（四）举办综合性国际电影节（展）和设评奖的全国性电影节（展）的，还应具备专业标准的放映设备、设施；

（五）节（展）活动符合国家有关外交方针、政策。

第十一条 申请举办国际性广播影视节（展）、节目交流活动和设评奖的全国性电影节（展），申请单位应当提交下列材料：

（一）申请报告及举办方案，举办方案应包括节（展）名称、活动内容、性质、规模、时间、地点以及活动组织机构等内容；

（二）如设评奖项目，还应提供拟设奖项名称、数额、参评条件和评选办法；

（三）在境内举办的，须提交拟邀请的境外机构、主要人员及拟参展的境外广播影视节目情况；赴境外举办的，须提交与境外合作方签署的合作文件或境外合作方的邀请函。

第十二条 广播影视节（展）的举办单位、参展单位应遴选内容健康，思想性、艺术性、观赏性较高的影视片（剧）和其他广播影视节目参加节（展）。

入境参赛的境外电影片，须报国务院广播影视行政部门审查批准。入境展映的境外影片，由国务院广播影视行政部门或其委托的省级广播影视行政部门审查批准。赴境外参展的电影片报国务院广播影视行政部门备案。

入境参赛、展播的境外广播电视节目，须经省级以上广播电视行政部门审查批准。赴境外参展的广播电视节目，送展单位应根据《广播电视管理条例》有关节目内容要求进行审查后，事先报省级以上广播电视行政部门备案。

第十三条 拟入境参赛、展映的境外电影片，申请审查时应提交电影片简介和录像带（或DVD光盘），并需有中文（或英文）字幕或其他形式的中、英文翻译。

第十四条 赴境外参展的国产电影片由出品单位报国务院广播影视行政部门备案，合拍电影片由各方出品单位共同报送备案。备案应在节（展）举办二十天前报送，并提交下列材料：

（一）《电影片公映许可证》复印件；

（二）拟参加电影节（展）的名称、时间、地点；

（三）该电影节（展）主办单位的邀请函及中文译文；

（四）电影片出品单位联系人、联系电话、传真、电子邮件及通信地址；

（五）如需国务院广播影视行政部门向海关出具电影片拷贝临时出入关函，须在申请中提出并注明出入海关的名称及时间。

第十五条 广播影视行政部门应当按照行政许可法的有关要求，自受理申请之日起二十个工作日内提出审查意见或作出审查决定。

对入境参赛、展映的电影片和入境参赛、展播的境外广播电视节目需组织专家评审的，专家评审时间不计算在审批时间内，但应将所需时间书面告知申请人。

第十六条 参加国际性广播电视节（展）、节目交流活动的广播电视节目出入境，须按照海关规定办理相关手续。

获准在境内参赛、参展的境外影片入出境，由节（展）等有关活动的举办单位持国务院广播影视行政部门或者相关省级广播影视行政部门批准文件到海关办理拷贝临时入出境手续；赴境外参加电影节（展）并已备案的影片出入境，由参展单位持国务院广播影视行政部门相关文件到海关办理拷贝临时出入境手续。

第十七条 举办单位应在广播影视节（展）结束后三十日内，将举办节（展）情况报国务院广播影视行政部门备案。

第十八条 在境内举办我国香港特别行政区、澳门特别行政区和台湾地区广播影视节（展）、节目交流活动，参照本规定执行。

第十九条 违反本规定的，依照《广播电视管理条例》、《电影管理条例》进行处罚。

第二十条 本规定自 2004 年 10 月 10 日起施行。《举办、参加中外电影节、展管理规定》（广发影字〔1998〕94 号）同时废止。

电影企业经营资格准入暂行规定

2004年10月10日国家广播电影电视总局、商务部令第43号公布　根据2015年8月28日国家新闻出版广电总局令第3号《关于修订部分规章和规范性文件的决定》修订

第一章　总　则

第一条　为了充分调动社会力量，加快发展电影产业，培育市场主体，规范市场准入，增强电影业的整体实力和竞争力，促进社会主义电影业繁荣，满足广大人民群众的精神文化生活需求，根据《中华人民共和国中外合资经营企业法》、《中华人民共和国中外合作经营企业法》、《电影管理条例》，制定本规定。

第二条　本规定适用于境内公司、企业和其他经济组织经营电影制作、发行、放映、进出口业务及境外公司、企业和其他经济组织参与经营电影制作、放映业务的资格准入管理。

第三条　国家对电影制作、发行、放映、进出口经营资格实行许可制度。

第四条　国家广播电影电视总局（以下简称广电总局）为全国电影制片、发行、放映、进出口经营资格准入的行业行政管理部门。

第二章　电影制作

第五条　国家允许境内公司、企业和其他经济组织（不包括

外商投资企业）设立电影制片公司。申请设立电影制片公司，由境内公司、企业和其他经济组织向广电总局提出申请。

（一）已取得《摄制电影许可证》的境内公司、企业和其他经济组织（不包括外商投资企业）联合设立电影制片公司的，需提交申请书、合同、章程、工商行政管理部门颁发的各方营业执照复印件、公司名称预核准通知书。

（二）未取得《摄制电影许可证》的境内公司、企业和其他经济组织（不包括外商投资企业），首次拍摄电影片时须设立影视文化公司，由影视文化公司申请领取《摄制电影片许可证（单片）》。取得《摄制电影片许可证（单片）》的申报条件及程序如下：

1．地（市）级以上工商行政管理部门注册的各类影视文化单位，均有资格申领《摄制电影片许可证（单片）》；

2．提交申请书、工商行政管理部门颁发的营业执照复印件、制作影片的资金来源证明、拟摄制影片的文学剧本（故事梗概）一式三份；

3．广电总局在20个工作日内对申报的摄制资格及电影文学剧本（故事梗概）进行审查。审查合格的，发给《摄制电影片许可证（单片）》；申报单位持广电总局出具的批准文件到所在地工商行政管理部门办理相关手续；不批准的，书面回复理由；

4．取得《摄制电影片许可证（单片）》的单位，享有影片一次性出品权；出品人可独立出品，也可与其他制片单位（含影视文化单位）联合出品；

5．《摄制电影片许可证（单片）》实行一片一报制度。

（三）已取得《摄制电影片许可证（单片）》的境内公司、企业和其他经济组织（不包括外商投资企业）单独或联合设立电影制片公司的申报条件及程序如下：

1．已经以《摄制电影片许可证（单片）》的形式投资拍摄了两部以上电影片；

2．提交申请书、工商行政管理部门颁发的营业执照（联合设立电影制片公司的，还要提供合同、章程、工商行政管理部门颁发的各方营业执照复印件）、公司名称预核准通知书；

3．投资摄制两部电影片的《摄制电影片许可证（单片）》、《电影片公映许可证》等相关材料。

（四）符合（一）、（三）项的，广电总局在20个工作日内颁发《摄制电影许可证》。申报单位持广电总局出具的批准文件到所在地工商行政管理部门办理相关手续，并报广电总局备案；不批准的，书面回复理由。

第六条　允许境内公司、企业和其他经济组织（以下简称中方）与境外公司、企业和其他经济组织（以下简称外方）合资、合作设立电影制片公司（以下简称合营公司）。申请设立合营公司，由中方向广电总局提出申请。申报条件及程序如下：

（一）中方已取得《摄制电影许可证》的或已取得两个《摄制电影片许可证（单片）》的；

（二）外资在注册资本中的比例不得超过49%；

（三）符合（一）、（二）项的，由中方向广电总局提交项目申请书、可行性研究报告、合同、章程、合营各方注册登记证明（或身份证明）、公司名称预核准通知书等；广电总局依法予以审核；经审核合格的，出具核准文件并颁发《摄制电影许可证》；

（四）符合（一）、（二）、（三）项的，由中方持广电总局出具的核准文件及本条（三）中所列文件，报商务部审批；商务部依法做出批准或不批准的决定；经批准的，颁发《外商投资企业批准证书》；不予批准的，书面回复理由；

（五）申报单位持广电总局、商务部的批准文件，到所在地工商行政管理部门办理相关手续。

第七条 按照本规定第五条、第六条，取得《摄制电影许可证》的电影制片公司，依照《电影管理条例》享有与国有电影制片单位同等的权利和义务。

第八条 允许境内公司、企业和其他经济组织（不包括外商投资企业）设立电影技术公司，改造电影制片、放映基础设施和技术设备。申报条件及程序如下：

（一）提交申请书、工商行政管理部门颁发的营业执照（联合设立电影技术公司的还要提供合同、章程、各方营业执照复印件）、公司名称预核准通知书；

（二）符合（一）项的，申报单位持广电总局出具的批准文件到所在地工商行政管理部门办理相关手续，并报广电总局备案；不批准的，书面回复理由。

第九条 允许境内公司、企业和其他经济组织（以下简称中方）与境外公司、企业和其他经济组织（以下简称外方）合资、合作设立电影技术公司，改造电影制片、放映基础设施和技术设备。申报条件及程序如下：

（一）外资在注册资本中的比例不得超过49%，经国家批准的省市可以控股；

（二）符合（一）项的，由中方向广电总局提交项目申请书、可行性研究报告、合同、章程、合营各方注册登记证明（或身份证明）、公司名称预核准通知书等；广电总局依法予以审核；经审核合格的，出具核准文件；

（三）符合（一）、（二）项的，由中方持广电总局出具的核准文件及本条（二）中所列文件，报商务部审批；商务部依法做出批准或不批准的决定；经批准的，颁发《外商投资企业批准证书》；不予批准的，书面回复理由；

（四）申报单位持广电总局、商务部的批准文件，到所在地工商行政管理部门办理相关手续。

第三章　电影发行、放映

第十条　鼓励境内公司、企业和其他经济组织（不包括外商投资企业）设立专营国产影片发行公司。申报条件及程序如下：

（一）受电影出品单位委托代理发行过 2 部电影片或受电视剧出品单位委托发行过 2 部电视剧；

（二）提交申请书、工商行政管理部门颁发的营业执照复印件、公司名称预核准通知书、已代理发行影视片的委托证明等材料；

（三）符合（一）、（二）项并向广电总局申请设立专营国产影片发行公司的，由广电总局在 20 个工作日内颁发全国专营国产影片的《电影发行经营许可证》；向当地省级电影行政管理部门申请设立专营国产影片发行公司的，由当地省级电影行政管理部门在 20 个工作日内颁发本省（区、市）专营国产影片的《电影发行经营许可证》。申报单位持电影行政管理部门出具的批准文件到所在地工商行政管理部门办理相关手续。不批准的，书面回复理由。

第十一条　广电总局依照关于发行放映国产影片的年度考核的有关规定，对取得《电影发行经营许可证》的公司进行年度考核。

第十二条　允许电影院线公司以紧密型或松散型进行整合。鼓励以跨省院线为基础，按条条管理的原则重新整合。不允许按行政区域整体兼并院线。院线整合报广电总局审批。

鼓励境内公司、企业和其他经济组织（不包括外商投资企业）投资现有院线公司或单独组建院线公司。

（一）以参股形式投资现有院线公司的，参股单位须在三年内投资不少于 3000 万元人民币，用于本院线中电影院的新建、改造；以控股形式投资现有院线公司的，控股单位须在三年内投资不少于 4000 万元人民币，用于本院线中电影院的新建、改造；单独组建省内或全国电影院线公司的，组建单位须在三年内投资不少于 5000 万元人民币用于本院线中电影院的新建、改造；

（二）组建省（区、市）内院线公司的，由所在地省、自治区、直辖市人民政府电影行政管理部门在 20 个工作日内审批，并报广电总局备案；组建跨省院线公司的，由广电总局在 20 个工作日内审批。申报单位持电影行政管理部门出具的批准文件到所在地工商行政管理部门办理相关手续。不批准的，书面回复理由。

第十三条 鼓励境内公司、企业和其他经济组织（不包括外商投资企业）组建少年儿童电影发行放映院线。

（一）凡在省（区、市）内与 20 家以上中小学校、少年宫、儿童活动中心、影剧院、礼堂等签订电影供片协议的，可向当地省级电影行政管理部门申请，设立一条省（区、市）内少年儿童电影发行放映院线；

（二）凡在不同省（区、市）与 30 家以上中小学校、少年宫、儿童活动中心、影剧院、礼堂等签订电影供片协议的，可向广电总局提出申请，设立一条跨省（区、市）的少年儿童电影发行放映院线；

（三）组建省（区、市）内院线公司的，由所在地省、自治区、直辖市人民政府电影行政管理部门在 20 个工作日内审批，并报广电总局备案；组建跨省院线公司的，由广电总局在20个工作日内审批。申报单位持电影行政管理部门出具的批准文件到所在地工商行政管理部门办理相关手续。不批准的，书面回复理由。

第十四条 鼓励境内公司、企业和其他经济组织及个人依照《电影管理条例》在全国农村以多种方式经营电影发行、放映业务，在城市社区、学校经营电影放映业务。

第十五条 鼓励境内公司、企业和其他经济组织及个人投资建设、改造电影院。经营电影放映业务，须报县级以上地方电影行政管理部门批准，到所在地工商行政管理部门办理相关手续。

外商投资电影院依照《外商投资电影院暂行规定》管理。

第四章 电影进出口

第十六条 电影进口经营业务由广电总局批准的电影进口经营企业专营。进口影片全国发行业务由广电总局批准的具有进口影片全国发行权的发行公司发行。

第十七条 鼓励影片摄制单位多渠道出口取得《电影片公映许可证》的国产影片。

第五章 附 则

第十八条 广电总局颁发的《摄制电影许可证》、《电影发行经营许可证》实行隔年检验制度。地方电影行政管理部门按照管理权限，对颁发的《电影发行经营许可证》、《电影放映经营许可证》实行年检制度。

第十九条 本办法未作规定的，依照《电影管理条例》及有关规定执行。

第二十条 本规定由广电总局、商务部负责解释。

第二十一条 本规定自2004年11月10日起施行。广电总局《电影制片、发行、放映经营资格准入暂行规定》（广电总局令第20号）、《关于取得〈摄制电影许可证（单片）〉资格认证制度的实施细则（试行）》（广发办字〔2001〕1483号）同时废止。

《电影企业经营资格准入暂行规定》的补充规定

2005年3月7日国家广播电影电视总局、商务部令第50号公布 根据2015年8月28日国家新闻出版广电总局令第3号《关于修订部分规章和规范性文件的决定》修订

为了促进香港、澳门与内地建立更紧密经贸关系，鼓励香港、澳门服务提供者在内地设立发行国产电影片的企业，根据国务院批准的《〈内地与香港关于建立更紧密经贸关系的安排〉补充协议》及《〈内地与澳门关于建立更紧密经贸关系的安排〉补充协议》，现对《电影企业经营资格准入暂行规定》（国家广播电影电视总局、商务部令第43号）作出如下补充规定：

一、自2005年1月1日起，允许香港、澳门服务提供者经内地主管部门批准后，在内地试点设立独资公司发行国产电影片。

二、本规定中的香港服务提供者和澳门服务提供者应分别符合《内地与香港关于建立更紧密经贸关系的安排》及《内地与澳门关于建立更紧密经贸关系的安排》中关于“服务提供者”定义及相关规定的要求。

三、本规定自2005年5月8日起施行。

电影艺术档案管理规定

2010年6月29日国家广播电影电视总局、国家档案局令第64号公布

第一章　总　则

第一条　为了加强电影艺术档案的收集和管理，有效地保护和利用电影艺术档案，更好地为电影创作、生产、教学、研究和普及服务，根据《中华人民共和国档案法》、《中华人民共和国档案法实施办法》和《电影管理条例》，制定本规定。

第二条　本规定适用于中国境内的电影摄制单位和电影艺术档案机构，以及与电影艺术档案相关的组织和个人。

第三条　本规定所称电影艺术档案，是指在电影创作、生产、发行、放映过程中形成的文字、图片、标准拷贝、数字母版、影片素材等具有保存价值的资料。

第四条　电影艺术档案是国家档案的重要组成部分，依法接受档案行政管理部门的统筹规划、组织协调和监督指导，实行统一管理。

国务院广播影视行政部门负责全国电影艺术档案工作。

省、自治区、直辖市人民政府广播影视行政部门负责本行政区域内的电影艺术档案工作，并应当督促本行政区域内的电影摄制单位，按照本规定履行电影艺术档案移交义务。

第五条　国家鼓励和支持有关电影艺术档案保管、复制、修复方面的科学研究和实践活动。

第六条 电影艺术档案从业人员的专业技术职称或者职务，按照国家档案系列专业技术人员的有关规定评定与聘任。

第七条 有下列事迹之一的组织或者个人，由国务院广播影视行政部门给予奖励：

（一）为发展电影艺术档案事业作出重要贡献的；

（二）收集、整理、保管、修复电影艺术档案有显著成绩的；

（三）提供电影艺术档案获得显著效益的；

（四）将重要或者珍贵电影艺术档案捐赠给国家的。

第二章 档案构成

第八条 电影艺术档案由影片类和文字、图片类组成。

第九条 影片类档案包括：

国产影片、与我国香港特别行政区、澳门特别行政区、台湾地区及外国合作摄制的影片的全新原底标准拷贝或者数字母版，画原底、画翻正、画翻底，片头、片尾、唱词等各类字幕原底，片头、片尾、衬景原底，十格小底片，光号卡，国际乐效，混录声底、混录光学声底等。

第十条 文字、图片类档案包括：

（一）文学剧本、分镜头剧本、译制片台本；

（二）完成台本（含字幕表）；

（三）对国外发行的国产影片各语种和国内民族语言的翻译本；

（四）导演阐述；

（五）影片审查决定书；

（六）有关部门对影片的审查意见和决定；

（七）影片海报、宣传画、工作照、剧照、说明书、特刊；

（八）国产影片在国内外获奖的证件复印件及有关照片；

（九）剧本内容的有关依据和历史考证材料，以及取材或者改编前的原作；

（十）主创人员的创作设想和音乐总谱、歌词；

（十一）场景气氛图，服装、化妆、道具设计图，演员定妆照；

（十二）有关摄制决定；

（十三）分场分景表；

（十四）摄制工作日志；

（十五）摄制工作总结；

（十六）主创人员艺术创作总结；

（十七）其他在电影创作、生产、发行、放映过程中形成的具有保存价值的资料。

第十一条　本规定第九条、第十条的内容为故事影片艺术档案构成。其他片种可视工艺和工作程序不同参照执行。

第三章　归档和管理

第十二条　国家设立中国电影资料馆等电影艺术档案机构，负责依法收集、整理、保管和利用电影艺术档案等工作。

第十三条　电影艺术档案机构依法搜集电影创作、生产、发行、放映过程中形成的具有保存价值的电影艺术档案，接收有关组织或者个人通过移交、捐赠等方式提供的电影艺术档案，积极收集散失的国产影片艺术档案。

依据本规定移交电影艺术档案，电影艺术档案机构可以对有关单位予以适度补贴。

第十四条 电影艺术档案机构应当具有适宜长久保存、合理利用电影艺术档案的场所、设备、条件和专业人员，并建立科学的管理制度，逐步实现保存与管理的科学化、标准化。

用于保存电影艺术档案的库房温度、湿度等应当符合国家规定的标准，并应当加强防火、防盗、防虫、防霉、防光、防尘、防水（潮）、防有害气体等安全保卫工作。

第十五条 电影摄制单位应当设立专门部门或者指定专人负责电影艺术档案管理工作，切实履行电影艺术档案移交、保管义务。

第十六条 电影艺术档案机构和电影摄制单位应当有计划地做好电影艺术档案编目和研究工作。

第十七条 电影艺术档案机构应当逐步将电影艺术档案转换成数字化形式，加强档案的数字化修护和保护工作。

第十八条 电影艺术档案机构和电影摄制单位应当定期检查档案保存状况，对破损或者变质的电影艺术档案应当及时修补、复制或者进行其他技术处理。

第十九条 电影艺术档案机构应当确保易燃片基的安全，及时发现并消除隐患；对易燃片基进行单独的妥善保管，并有计划地转换复制成安全片基。

第四章 移交、捐赠和寄存

第二十条 电影摄制单位应当在影片取得电影公映许可证后三个月内向中国电影资料馆移交下列电影艺术档案，并永久保存，国务院广播影视行政部门另有规定的除外：

（一）影片类档案中的标准拷贝或者数字母版；

（二）本规定第十条第（一）项至第（六）项规定的文字、图片类档案。

电影摄制单位应当在影片取得电影公映许可证后一年内向中国电影资料馆移交其他影片类档案；经依法审查未取得电影公映许可证的影片，电影摄制单位如不再重新报请审查，应当在接到审查决定后一年内向中国电影资料馆移交电影艺术档案。

其他电影艺术档案，电影摄制单位可以参照本条第一款、第二款的规定向中国电影资料馆移交。

第二十一条 电影摄制单位应当依据本规定履行电影艺术档案移交义务，不得拒绝归档；电影艺术档案机构应当依据本规定履行电影艺术档案管理义务，为移交人提供服务。

第二十二条 电影摄制单位注销或者合并时，应当将其保存的电影艺术档案移交中国电影资料馆或者新组建的电影摄制单位妥善保管。

第二十三条 电影摄制组应当负责电影艺术档案的形成、积累，指定专人负责电影艺术资料的收集工作，并在影片摄制完成后将属于电影艺术档案归档范围的资料及时移交电影摄制单位档案部门归档。

第二十四条 国家鼓励任何组织、个人向电影艺术档案机构捐赠、寄存其拥有的电影艺术档案。电影艺术档案机构可以按照电影艺术档案的保存价值，作出是否接受捐赠、寄存的决定。

第二十五条 电影艺术档案机构应当依据捐赠协议、寄存协议，对捐赠、寄存的电影艺术档案，予以妥善保管，并依法维护捐赠人、寄存人的合法权益。

电影艺术档案机构可以向寄存人适当收取费用。

第二十六条 电影艺术档案机构应当与电影艺术档案的捐赠

人、寄存人，就档案利用事宜在捐赠、寄存协议中进行约定。

第二十七条 向电影艺术档案机构捐赠、寄存电影艺术档案的组织、个人，对其档案有优先使用权。

第二十八条 国家鼓励通过捐赠等方式设立电影艺术档案保护社会基金，专门用于电影艺术档案保护，任何组织、个人不得侵占、挪用。

第五章 档案利用

第二十九条 国家鼓励任何组织、个人积极开展对电影艺术档案的利用。电影艺术档案机构保存的电影艺术档案，应当向社会公众开放。

电影艺术档案机构应当定期向社会公布电影艺术档案目录，简化利用手续、减少利用限制，为电影艺术档案公益性利用创造条件，提供便利。

电影艺术档案机构在档案利用工作中，应当按照分类向社会提供使用；并应当依据国家有关法律、法规的规定，维护电影艺术档案有关著作权人的合法权益。

利用电影艺术档案机构的电影艺术档案，应当按照有关规定办理手续，缴纳费用。

第三十条 对涉及国防、外交、国家安全等国家重大利益，以及可能对未成年人身心健康造成不良影响的电影艺术档案的利用，应当遵守国家有关法律、法规的规定。未经有关部门批准，任何组织、个人不得擅自利用上述电影艺术档案。

第三十一条 未经有关部门批准，下列电影艺术档案不得携带出境：

（一）构成限制出境的文物的；

（二）涉及国家秘密的；

（三）法律、法规规定限制出境的其他电影艺术档案。

第六章　法律责任

第三十二条　违反本规定，电影艺术档案机构在保管、利用属于国家所有的电影艺术档案过程中，有下列情形之一的，由省、自治区、直辖市以上人民政府广播影视行政部门责令改正，给予警告，对单位可以并处3万元以下的罚款，对个人可以并处5千元以下的罚款；情节严重的，对直接负责的主管人员和其他直接责任人员依法给予处分：

（一）电影艺术档案发生超额损伤的；

（二）损毁、丢失和擅自销毁电影艺术档案的；

（三）利用电影艺术档案谋取非法利益的；

（四）未经批准利用电影艺术档案的。

第三十三条　违反本规定，逾期未移交电影艺术档案的，由省、自治区、直辖市以上人民政府广播影视行政部门责令改正；情节严重的，对直接负责的主管人员和其他直接负责人员依法给予处分。

第七章　附　则

第三十四条　本规定自2010年8月1日起施行。1994年6月20日广播电影电视部、国家档案局发布的《电影艺术档案管理规定》同时废止。

关于修订部分规章和规范性文件的决定

2015年8月28日国家新闻出版广电总局令第3号公布

根据《国务院关于印发注册资本登记制度改革方案的通知》（国发〔2014〕7号）和《国务院办公厅关于加快推进落实注册资本登记制度改革有关事项的通知》（国办函〔2015〕14号）的要求，国家新闻出版广电总局对涉及注册资本登记制度改革的现行规章和规范性文件进行了清理。根据《规章制定程序条例》的相关规定并商有关部门同意，决定修订以下18个规章和5个规范性文件。

一、规章

新闻出版方面：

1. 《印刷业经营者资格条件暂行规定》（新闻出版总署令第15号）

删去第四条第三项中的“厂房建筑面积不少于800平方米”，去第四项中的“注册资本不少于200万元人民币”。

删去第五条第三项中的“厂房建筑面积不少于600平方米”，删去第四项中的“注册资本不少于150万元人民币”。

删去第六条第三项中的“厂房建筑面积不少于100平方米”，删去第四项中的“注册资本不少于50万元人民币”。

删去第七条第三项中的“厂房建筑面积不少于300平方米”，删去第四项中的“注册资本不少于80万元人民币”。

删去第八条第三项中的“厂房建筑面积不少于15平方米”，

删去第四项，相应调整之后各项序号。

2. 《设立外商投资印刷企业暂行规定》（新闻出版总署、对外贸易经济合作部令第 16 号）

删去第六条第一款第四项，相应调整之后各项序号。

删去第七条第一款第三项中的“和资信证明”。

3. 《音像制品出版管理规定》（新闻出版总署令第 22 号）

删去第七条第一款第六项中的“其固定工作场所面积不得低于 200 平方米”。

将第九条第一款第四项修改为“音像出版单位的注册资本数额、来源及性质证明”。

4. 《电子出版物出版管理规定》（新闻出版总署令第 34 号）

删去第六条第一款第四项，相应调整之后各项序号。

删去第六条第一款第五项中的“其固定工作场所面积不得少于 200 平方米”。

将第八条第六项修改为“注册资本数额、来源及性质证明”。

5. 《音像制品制作管理规定》（新闻出版总署令第 35 号）

删去第六条第一款第三项，相应调整之后各项序号。

将第六条第一款第五项修改为“有固定的经营场所”。

删去第六条第三款。

将第八条第四项修改为“注册资本数额、来源及性质证明”。

6. 《图书出版管理规定》（新闻出版总署令第 36 号）

将第十一条第五项修改为“注册资本数额、来源及性质证明”。

7. 《复制管理办法》（新闻出版总署令第 42 号）

删去第九条第一款第三项中的“其中，只读类光盘复制单位注册资本不得低于 1500 万元；可录类光盘生产单位注册资本不得低于 3000 万元；磁带磁盘复制单位注册资本不得低于 50 万元”。

将第十条第五项修改为“注册资本数额、来源及性质证明”。

8.《出版物市场管理规定》(新闻出版总署、商务部令第52号)

删去第六条、第七条、第十三条、第十四条、第十五条,相应调整其余各条序号。

删去第八条第一款第四项,相应调整之后各项序号。

将第九条第三款第三项修改为“注册资本数额、来源及性质证明”。

广播影视方面:

9.《外商投资电影院暂行规定》(广电总局、商务部、文化部令第21号)

删去第四条第二项,相应调整之后各项序号。

删去第六条第一项第2小项中的“银行资信证明”,删去第一项第3小项中的“银行资信证明、会计师事务所出具的财务状况证明材料”。

10.《广播电视节目传送业务管理办法》(广电总局令第33号)

删去第八条第二项中的“资金”。

删去第九条第二项中的“验资报告”。

删去第十三条第一款中的“注册资本”。

删去第二十三条第四项中的“注册资本”。

11.《广播电视节目制作经营管理规定》(广电总局令第34号)

删去第六条第二项中的“资金”和“其中企业注册资金不少于300万元人民币”。

删去第七条第五项,相应调整之后各项序号。

12.《广播电视视频点播业务管理办法》(广电总局令第35号)

删去第九条第三项中的“资金”。

删去第十条第二款中的“验资证明”。

删去第十八条中的“注册资本”。

删去第三十条第二项中的“注册资本”。

13. 《城市社区有线电视系统管理暂行办法》（广电总局令第36号）

删去第五条第四项中的“资金”。

14. 《互联网等信息网络传播视听节目管理办法》（广电总局令第39号）

删去第八条第三项中的“自有资金”。

删去第九条第七项中的“验资证明”。

删去第十四条第一款中的“注册资本”。

删去第二十六条第二项中的“持证机构注册资本”。

15. 《电影企业经营资格准入暂行规定》（广电总局、商务部令第43号）

将第五条第一项修改为：“已取得《摄制电影许可证》的境内公司、企业和其他经济组织（不包括外商投资企业）联合设立电影制片公司的，需提交申请书、合同、章程、工商行政管理部门颁发的各方营业执照复印件、公司名称预核准通知书。”

删去第五条第三项第2小项，相应调整之后各小项序号。

删去第六条第二项、第八条第一项、第九条第一项、第十条第一项，相应调整之后各项序号。

删去第六条第四项和第九条第三项中的“资信证明”。

16. 《〈电影企业经营资格准入暂行规定〉的补充规定》（广电总局、商务部令第50号）

删去第一条中的“发行公司的注册资本不少于100万元人民币”。

17. 《互联网视听节目服务管理规定》（广电总局、信息产

业部令第56号）

删去第八条第四项中的“和资金，且资金来源合法”。

删去第十二条中的“注册资本”。

删去第二十三条第一款第二项中的“注册资本”。

18.《卫星电视广播地面接收设施安装服务暂行办法》（广电总局令第60号）

删去第五条第一款第三项中的“资金”。

二、规范性文件

1.《关于印发〈广播电视有线数字付费频道业务管理暂行办法〉（试行）的通知》（广发办字〔2003〕1190号）

将第十条第一款修改为：“依法成立的无境外资金背景的机构，可以参与付费频道的合作，但不享有付费频道开办主体资格。”

2.《广电总局关于做好〈信息网络传播视听节目许可证〉申报审核工作有关问题的通知》（广发〔2008〕44号）

删去第一条第三项。

3.《广电总局关于进一步加强广播电视节目制作经营活动管理工作的通知》（广发〔2010〕70号）

删去第二条，相应调整之后各条序号；删去第三条第四项，相应调整之后各项序号；将第四条中的“第1至第9种”和“第10至第12种”分别修改为“第1至第8种”和“第9至第11种”，删去该条第三款。

4.《广电总局关于在有线网络未通达农村地区开展直播卫星公共服务的通知》（广发〔2011〕71号）

删去其附件《直播卫星接收设施专营服务操作规程（试行）》第九条第一项中的“注册资金不低于10万元”；删去第十二条第二项中的“资金”。

5．《广电总局关于鼓励和引导民间资本投资广播影视产业的实施意见》（广发〔2012〕36号）

删去第一条中的“资金（企业注册资金不少于300万元人民币）”；删去第五条第二款中的“并且企业注册资本不少于100万元人民币的”。

关于修改部分规章的决定

2016 年 5 月 4 日国家新闻出版广电总局令第 8 号公布

按照国务院行政审批制度改革的要求，国家新闻出版广电总局对涉及行政审批制度改革的规章和规范性文件进行了清理。根据《规章制定程序条例》的相关规定，决定修改以下 5 个规章。

1．《中外合作摄制电影片管理规定》（广电总局令第 31 号）

删去第九条第五项中的“底样片冲洗及后期制作地点”。

删去第十八条，相应调整之后各条序号。

将第四条中的“国家广播电影电视总局（以下简称广电总局）”以及第九条、第十条、第十三条、第十五条、第十六条、第十七条、原第十九条中的“广电总局”，修改为“国务院广播影视行政部门”。

2．《广播影视节（展）及节目交流活动管理规定》（广电总局令第 38 号）

将第五条修改为：“国家鼓励各相关单位依法与境外国家（地区）开展对等交流互办电影展映等活动。

在京的中央单位及其直属机构在境内举办上述活动须报国务院广播影视行政部门批准。其他单位在境内举办上述活动，如涉及多个国家（地区），该活动须报国务院广播影视行政部门批准；如只涉及单一国家（地区），须报省级广播影视行政部门批准，其拟展映的境外影片须经省级广播影视行政部门审查，批准时应同时抄报国务院广播影视行政部门。”

第七条修改为："在综合性文化活动中举办涉外电影展映活动的，举办单位须持文化行政部门对该综合性文化活动的批准文件，按照本规定的有关规定，报国务院广播影视行政部门或者相关省级广播影视行政部门审查批准。"

第十六条第二款修改为："获准在境内参赛、参展的境外影片入出境，由节（展）等有关活动的举办单位持国务院广播影视行政部门或者相关省级广播影视行政部门批准文件到海关办理拷贝临时入出境手续；赴境外参加电影节（展）并已备案的影片出入境，由参展单位持国务院广播影视行政部门相关文件到海关办理拷贝临时出入境手续。"

第二条中的"国家广播电影电视总局（以下简称广电总局）"以及第四条、第六条、第八条、第九条、第十条、第十二条、第十四条、第十七条中的"广电总局"，修改为"国务院广播影视行政部门"。

3.《广播电影电视行业统计管理办法》（广电总局令第47号）

将第二十二条修改为："广播影视行政部门应当对广播影视行业统计工作情况实施监督检查，定期进行考核评定，并根据考核评定结果进行表扬或者惩戒。

县级以上地方人民政府广播影视行政部门可以依据有关规定，对有关统计机构和统计人员给予表彰、奖励。

广播影视行业各单位应当依据本规定，建立统计工作奖惩制度。"

第三条、第四条、第九条第二项、第十八条、第二十三条中的"广播影视行政管理部门"，修改为"广播影视行政部门"；第八条、第十三条、第十四条、第十八条中的"国家广播电影电视总局"，修改为"国务院广播影视行政部门"；第九条、第十三条、第十四条中的“地方广播影视行政管理部门”，修改为“县级以上地方人民政府广播影视行政部门”；第十三条、第十四条中的“上一级广播影视行政管理部门”，修改为“上一级广播影视行政部门”。

4.《广播电视安全播出管理规定》（广电总局令第62号）

将第八条修改为：“县级以上地方人民政府广播影视行政部门可以依据有关规定，对在广播电视安全播出工作中做出显著成绩的组织、个人给予表彰、奖励。

安全播出责任单位应当依据本规定，建立安全播出工作奖惩制度。”

第三十五条第六项修改为：“组织安全播出考核，并根据考核结果进行表扬或者惩戒。”

5.《电视剧内容管理规定》（广电总局令第63号）

删去第十九条第二项，相应调整之后各项序号。

将第二十一条第一项修改为：“审查本行政区域内制作机构制作的国产剧。”

删去第二十一条第二项，相应调整之后各项序号。

此前发布的相关规范性文件，与国务院关于行政审批制度改革的有关文件以及此次涉及行政审批制度改革的规章清理结果不一致的内容，一律无效。

关于废止、修改和宣布失效部分规章、规范性文件的决定

2017 年 12 月 11 日国家新闻出版广电总局令第 13 号公布

为贯彻落实国务院简政放权、放管结合、优化服务改革措施，国家新闻出版广电总局对有关规章和规范性文件进行了清理。经过清理，根据《规章制定程序条例》的有关规定，现决定废止 1 件规章，修改 8 件规章。同时，对 3 件规范性文件宣布失效。具体如下：

一、废止的规章

1．《赴国外租买频道和设台管理暂行规定》（广电总局令第 12 号）

二、修改的规章

新闻出版方面：

1．《印刷业经营者资格条件暂行规定》（新闻出版总署令第 15 号）

删去第二条中的“和复印、打印经营单位或者个人”。

删去第八条。

将第九条改为第八条，删去其中的“和复印、打印经营活动”、“第八条”。

此外，对其他条文顺序作相应调整。

2．《音像制品出版管理规定》（新闻出版总署令第 22 号）

将第三十一条修改为：“复制单位接受委托复制音像制品非

卖品的，应当验证委托单位或者个人的身份证明和其出具的音像制品非卖品复制委托书，并要求委托方提供非卖品使用目的、名称、制作单位、主要内容、发送对象、复制数量、节目长度和载体形式等信息。”

将第三十二条修改为：“委托复制音像制品非卖品的单位或者个人须在音像制品非卖品包装和盘（带）显著位置标注‘音像非卖品’字样。”

3．《期刊出版管理规定》（新闻出版总署令第31号）

删去第十八条第一款中的“登记地”。增加一款，作为第二款：“期刊变更登记地，经主管、主办单位同意后，由期刊出版单位到新登记地省、自治区、直辖市新闻出版行政部门办理登记手续。”

删去第六十条第一项中的“登记地”。

将第三十四条第二款修改为：“期刊出版单位出版增刊，应当经其主管单位审核同意后，由主办单位报所在地省、自治区、直辖市新闻出版行政部门备案。备案文件应当说明拟出增刊的出版理由、出版时间、文章编目、期数、页码、印数、印刷单位等；所在地省、自治区、直辖市新闻出版行政部门备案后，发给备案证明文件，配发增刊备案号。”将第三款中的“增刊许可证编号”修改为“增刊备案号”。

将第五十七条第一款中的“《出版管理条例》第五十五条”修改为“《出版管理条例》第六十一条”。将第二款修改为：“期刊出版单位未履行备案手续擅自出版增刊、擅自与境外出版机构开展合作出版项目的，按前款处罚。”

将第五十八条中的“《出版管理条例》第五十六条”修改为“《出版管理条例》第六十二条”。

将第五十九条第一款中的“《出版管理条例》第六十条”修改为“《出版管理条例》第六十六条”。

将第六十条中的“《出版管理条例》第六十一条”修改为“《出版管理条例》第六十七条”。

4．《音像制品制作管理规定》（新闻出版总署令第35号）

将第二章标题修改为“申请从事音像制作业务”。

将第六条第一款中的“申请设立音像制作单位”修改为“申请从事音像制作业务”。第二款中的“审批设立音像制作单位”修改为“审批从事音像制作业务”。

将第七条修改为：“申请从事音像制作业务，由所在地省、自治区、直辖市新闻出版行政部门审批。省、自治区、直辖市新闻出版行政部门应当自受理申请之日起60日内作出批准或者不批准的决定，并通知申请人。批准的，发给《音像制品制作许可证》；不批准的，应当说明理由。”

将第八条中的“申请设立音像制作单位”修改为“申请从事音像制作业务”。

删去第九条中的“并到工商行政管理部门办理相应的登记手续”。

将第十条修改为：“音像制作单位变更地址、法定代表人或者主要负责人，或者终止音像制作经营活动的，应当在10日内向所在地省、自治区、直辖市新闻出版行政部门备案。”

将第十七条中的“依法设立的音像制作单位”修改为“依法从事音像制作业务的单位”。

删去第二十二条第一款中的“擅自设立音像制品制作单位”。

5．《新闻出版许可证管理办法》（国家新闻出版广电总局令第4号）

将第十三条修改为：“许可证发生损坏、丢失的，持证人应向原发证机关申请补发新证。申请时须将损坏的许可证原件缴还原发证机关。发证机关应当自收到补发许可证申请后5个工作日内，注销旧证，发放新证。”

广播影视方面：

6．《中外合作摄制电影片管理规定》（广电总局令第31号）

将第八条修改为：“申请中外合作摄制电影片，除应当符合有关法律法规要求外，还应当具备下列条件：

（一）中方制片单位原则上需参与出品过两部或者以上获得电影公映许可证的国产电影；

（二）中外合作双方均不在因违反《中华人民共和国电影产业促进法》、《电影管理条例》而被禁止摄制电影的处罚期内。”

将第九条第二项修改为：“（二）中方制片单位参与出品的国产电影的电影公映许可证复印件（两部或者以上）；”

7．《广播电台电视台审批管理办法》（广电总局令第37号）

将第十一条中的“广播电台、电视台申请变更台名、台标、呼号的”，修改为“广播电台、电视台申请变更台名、呼号，省级以上人民政府广播电视行政部门设立的广播电台、电视台或者省级以上人民政府教育行政部门设立的教育电视台申请变更台标的”。

8．《电影剧本（梗概）备案、电影片管理规定》（广电总局令第52号）

将第五条第一款修改为：“拟摄制电影的法人、其他组织（以下简称制片单位）应当在电影拍摄前，按照有关规定向相关电影主管部门申请办理电影剧本（梗概）的备案手续。”

删去第六条第四项。

三、宣布失效的规范性文件

1．批转中国电影发行放映公司《关于解决农村乡（镇）电影放映工作人员工资待遇的通知》（广发干字〔1987〕111 号）

2．关于印发《国产影片发行放映考核奖励办法》的通知（〔2008〕影字 358 号）

3．关于印发《国产影片出口奖励暂行办法》的通知（〔2009〕影字 83 号）

此前发布的相关规范性文件，与国务院关于简政放权、放管结合、优化服务改革的文件精神以及此次规章清理结果不一致的内容，一律无效。

本决定自公布之日起施行。

印发《关于地方对等交流互办单一国家电影展映活动审批职责下放省级新闻出版广电行政部门的实施细则》的通知

国家新闻出版广电总局　2014年3月18日　新广电发〔2014〕61号

各省、自治区、直辖市广播影视局，新疆生产建设兵团广播电视局：

根据《国务院关于取消和下放50项行政审批项目等事项的决定》（国发〔2013〕27号）和《国家新闻出版广电总局主要职责内设机构和人员编制规定》（国办发〔2013〕76号），自2013年8月起，地方对等交流互办单一国家电影展映活动的审批职责下放至省级新闻出版广电行政部门。为了便于地方做好相关的行政审批以及活动的组织工作，参照《广播影视节（展）及节目交流活动管理规定》（广电总局令第38号），总局制订了《关于地方对等交流互办单一国家电影展映活动审批职责下放省级新闻出版广电行政部门的实施细则》，现将该《实施细则》印发给你们，请遵照执行。

关于地方对等交流互办单一国家电影展映活动审批职责下放省级新闻出版广电行政部门的实施细则

根据《国务院关于取消和下放50项行政审批项目等事项的决定》（国发〔2013〕127号）和《国家新闻出版广电总局主要职责内设机构和人员编制规定》（国办发〔2013〕76号），自

2013 年 8 月起，地方对等交流互办单一国家电影展映活动的审批职责下放至省级新闻出版广电行政部门。为了便于地方做好相关的行政审批以及活动的组织工作，参照《广播影视节（展）及节目交流活动管理规定》（原广电总局令第 38 号），特制订本实施细则。

一、本实施细则所指地方对等交流互办单一国家、地区电影展映活动主要是指经省级新闻出版广电部门批准，在省辖区内举办的某一国家或港澳台地区的电影展映活动。此类展映活动应为电影文化交流公益性质。

二、各省级新闻出版广电行政部门在审批和组织此类涉外电影展映活动时，要认真贯彻执行国家相关的外交政策，并充分考虑本地区对外文化交流工作的实际需要。

要坚持平等互利，双向交流的原则。总局鼓励各地新闻出版广电部门及相关机构积极开辟对外交流渠道，赴境外举办多种形式的中国电影展映活动，推动中国电影“走出去”。同时应通过当地省级新闻出版广电行政部门将上述活动向总局备案。

三、各省级新闻出版广电行政部门应明确承担此项行政审批职能的处室，组建境外影片审查小组，按照《电影管理条例》中确定的审查标准对境外影片进行内容审查。凡不符合审查标准的境外影片不得以任何形式在审批的活动中展映。

四、各省级新闻出版广电行政部门应对活动的境内外主办、承办、协办机构的资质进行严格审查。此类涉外电影展映活动的主办和承办单位需得到省级新闻出版广电部门的认可，且一般不宜由与电影无关的机构担任。

五、各省级新闻出版广电行政部门在审批和组织此类涉外电影展映活动时，应对活动的规模、参展影片的数量、放映范围和放映场次等加以适当限定，所批准的展映活动不得影响当地电影市场的正常秩序。同时，应增强对参展影片的版权保护意识，坚决打击各种形式的侵权、盗版行为。

六、各省级新闻出版广电行政部门在批准此类涉外电影展映活动的同时向总局备案，备案内容包括：活动名称及名义、主办和承办单位、所涉国别（地区）、活动时间及地点、参展影片片目及放映场所和场次。总局凭备案报告出具《影片拷贝临时入出关函》和《进口广播电影电视节目带（片）提取单》、影片排次号，供主办单位办理影片拷贝临时入出关海关手续和安排影院排片。

七、中央、国家机关及其直属机构举办的涉外电影展映活动，在各省（市、区）举办的多边性涉外电影展映活动，仍需报总局电影局审批。

八、为配合国家重大外交活动，或根据与相关国家和地区达成的电影交流协议，总局可直接批准并主办该国家和地区的电影展映活动，届时请相关省级新闻出版广电行政部门给予支持和配合。

九、此《细则》自发文之日起生效，其解释权归总局电影局。

关于废止5件规范性文件的决定

国家电影局　2019年11月15日　国影发〔2019〕2号

各省、自治区、直辖市电影主管部门，中央军委政治工作部宣传局：

为贯彻落实《法治政府建设实施纲要（2015—2020年）》，国家电影局对现行电影领域规范性文件进行了全面清理，决定废止5件，自公布之日起生效。

国家电影局决定废止的规范性文件目录（共5件）

序号	发布机关	文件名称	文号	发布时间
1	国家广播电影电视总局	印发《电影数字化发展纲要》的通知	广发影字〔2004〕257号	2004-3-18
2	国家广播电影电视总局	关于开展数字电影系统设备技术检测与质量认定工作的通知	技科字〔2007〕226号	2007-7-23
3	国家广播电影电视总局	关于加强少数民族语电影译制素材收集工作的通知	〔2009〕影字31号	2009-1-14
4	国家广播电影电视总局	关于印发《少数民族语公益电影数字化译制、发行、放映工作实施细则（试行）》的通知	〔2009〕影字251号	2009-4-9
5	国家广播电影电视总局	关于发布《电影数字母版技术审查管理办法（暂行）》的通知	广发〔2011〕39号	2011-5-13

关于公布继续有效的规范性文件目录的公告

国家电影局　2019 年 11 月 15 日　2019 年第 1 号

为贯彻落实《法治政府建设实施纲要（2015—2020 年）》，国家电影局对现行电影领域规范性文件进行了全面清理。经清理，截至 2019 年 11 月 1 日，继续有效的规范性文件共 40 件，现将规范性文件目录予以公布。

特此公告。

国家电影局继续有效的规范性文件目录（共 40 件）

序号	发布机关	文件名称	文号	发布时间
1	广播电影电视部、解放军总政治部	关于继续做好部队影片供应发行工作的通知	广发影字〔1993〕335 号	1993-5-31
2	国家广播电影电视总局	聘用境外主创人员参与摄制国产影片管理规定	广发影字〔2001〕1451号	2001-12-13
3	国家广播电影电视总局	印发《关于改革电影发行放映机制的实施细则（试行）》的通知	广发办字〔2001〕1519 号	2001-12-18
4	国家广播电影电视总局	关于成立电影院线报批程序的通知	广影字〔2002〕第 69 号	2002-3-5

续表

序号	发布机关	文件名称	文号	发布时间
5	国家广播电影电视总局	关于进口分账影片拷贝供应的办法（试行）	广影字〔2002〕第334号	2002-7-17
6	国家广播电影电视总局	关于加强影院及院线计算机售票管理的通知	广影字〔2003〕第415号	2003-7-17
7	国家广播电影电视总局	关于改革进口影片供片机制的暂行办法	广影字〔2003〕第418号	2003-7-21
8	国家广播电影电视总局	关于加强内地与香港电影业合作、管理的实施细则	广影字〔2003〕第658号	2003-10-21
9	国家广播电影电视总局	关于进一步推进电影院线公司机制改革的意见	广影字〔2003〕第576号	2003-11-21
10	国家广播电影电视总局	关于加强特种电影统一进口管理的通知	广影字〔2004〕第67号	2004-2-10
11	国家广播电影电视总局	关于加强影片贴片广告管理的通知	广发影字〔2004〕700号	2004-6-25
12	国家广播电影电视总局	关于加强计算机售票系统安装、验收、变更管理的通知	广影字〔2005〕第28号	2005-1-28
13	国家广播电影电视总局	关于印发《数字电影发行放映管理办法（试行）》的通知	广发影字〔2005〕537号	2005-7-18
14	国家广播电影电视总局	关于加强对计算机售票影院管理的通知	〔2005〕影字593号	2005-11-21
15	国家广播电影电视总局	关于加强和改进历史题材影视创作管理的通知	广发〔2006〕51号	2006-11-23
16	国家广播电影电视总局	关于加强院线公司影院计算机售票管理的通知	〔2007〕影字224号	2007-4-11
17	国家广播电影电视总局	关于印发《农村数字电影发行放映实施细则》的通知	广发〔2007〕52号	2007-5-25
18	国家广播电影电视总局	关于印发《组建数字电影（中档技术）院线公司的实施办法（试行）》的通知	广发〔2007〕87号	2007-8-20
19	国家广播电影电视总局	关于《数字电影发行放映管理办法（试行）》的补充规定	广发〔2008〕62 号	2008-5-13

续表

序号	发布机关	文件名称	文号	发布时间
20	国家广播电影电视总局	关于进一步规范城市专业数字电影院（厅）发行放映工作的通知	〔2008〕影字430号	2008-6-26
21	国家广播电影电视总局	农村电影公益放映场次补贴管理实施细则	广发〔2008〕108号	2008-11-13
22	国家广播电影电视总局	关于调整国产影片分账比例的指导性意见	〔2008〕影字866号	2008-12-19
23	国家广播电影电视总局	关于进一步规范电影贴片广告和映前广告管理的通知	〔2009〕影字79号	2009-2-10
24	国家广播电影电视总局	关于推动农村电影放映工程持续健康发展的通知	广发〔2010〕7号	2010-1-21
25	国家广播电影电视总局	关于改进和完善电影剧本（梗概）备案、电影片审查工作的通知	广发〔2010〕19号	2010-2-4
26	国家广播电影电视总局	关于加强少数民族语电影译制素材收集工作的通知	〔2010〕影字972号	2010-11-26
27	国家广播电影电视总局	关于印发《少数民族语公益电影数字化译制、发行、放映工作管理办法（试行）》的通知	广发〔2010〕110号	2010-12-6
28	国家广播电影电视总局	关于规范影片片头的通知	〔2010〕影字1022号	2010-12-15
29	国家广播电影电视总局	关于促进电影制片发行放映协调发展的指导意见	〔2010〕影字992号	2011-11-29
30	国家广播电影电视总局	关于电影片数字母版有偿收集的通知	〔2011〕影字1060号	2011-12-19
31	国家新闻出版广电总局	关于发布《电影送审数字母版画面字幕技术要求（暂行）》的通知	影字〔2013〕297号	2013-6-3

续表

序号	发布机关	文件名称	文号	发布时间
32	国家新闻出版广电总局	关于规范电影片署名相关事项的通知	影字〔2013〕618 号	2013-12-13
33	国家新闻出版广电总局	关于加强电影市场管理规范电影票务系统使用的通知	新广电发〔2014〕12 号	2014-1-17
34	国家新闻出版广电总局	关于试行国产电影属地审查的通知	新广电发〔2014〕27 号	2014-2-18
35	国家新闻出版广电总局	印发《关于地方对等交流互办单一国家电影展映活动审批职责下放省级新闻出版广电行政部门的实施细则》的通知	新广电发〔2014〕61 号	2014-3-18
36	国家新闻出版广电总局	关于转发《电影院票务系统（软件）管理实施细则》的通知	影字〔2014〕407 号	2014-7-21
37	国家新闻出版广电总局	关于规范点播影院、点播院线经营管理工作的通知	新广电发〔2017〕81 号	2017-4-21
38	国家电影局	关于印发《国产电影复映暂行规定》的通知	国影发〔2018〕2 号	2018-11-8
39	国家电影局	印发《关于加快电影院建设促进电影市场繁荣发展的意见》的通知	国影发〔2018〕4 号	2018-12-11
40	国家电影局	关于开展点播影院、点播院线试点工作的通知	国影字〔2019〕90 号	2019-5-23

关于公布在自由贸易试验区开展电影“证照分离”改革具体措施的通知

国家电影局　2019年12月8日　国影发〔2019〕3号

各省、自治区、直辖市电影主管部门：

为贯彻落实《国务院关于在自由贸易试验区开展“证照分离”改革全覆盖试点的通知》（国发〔2019〕25号）要求，持续深化“放管服”改革，国家电影局对全国各自由贸易试验区涉及电影的试点事项逐项细化了改革举措，制定了加强事中事后监管的具体办法。

各省级电影主管部门要按照国务院通知要求，做好改革政策的工作培训和宣传解读，及时跟踪总结评估试点情况，确保试点取得预期成效。鼓励各省（区、市）在法律、行政法规和国务院决定允许范围内，在其他有条件的地区积极探索优化审批服务的举措，创新和加强事中事后监管，将有益经验和做法及时报送国家电影局。

在自由贸易试验区开展电影“证照分离”改革具体措施

序号	主管部门	改革事项	许可证件名称	设定依据	审批层级和部门	改革方式	改革举措具体做法	事中事后监管具体办法
1	国家电影局	电影放映单位设立审批	电影放映经营许可证	《中华人民共和国电影产业促进法》《电影管理条例》	县级电影主管部门	实行告知承诺	1. 出台电影放映单位设立告知承诺管理办法。2. 有关单位承诺已具备人员、场所、技术和设备等条件的，经形式审查后当场作出审批决定。	1. 开展“双随机、一公开”监管，畅通投诉举报渠道。 2. 对以告知承诺方式取得电影放映许可的单位，加强对其承诺内容真实性的核查，发现虚假承诺或者承诺严重不实的要及时依法处理。 3. 发挥行业协会自律作用。
2	国家电影局	外商投资电影院设立许可	电影放映经营许可证	《电影管理条例》	省级电影主管部门	实行告知承诺	1. 出台外商投资电影院设立告知承诺管理办法。2. 有关单位承诺已具备场所、投资比例限制、合作期限等许可条件的，经形式审查后当场作出审批决定。	1. 开展“双随机、一公开”监管，畅通投诉举报渠道。 2. 对以告知承诺方式取得电影放映许可的单位，加强对其承诺内容真实性的核查，发现虚假承诺或者承诺严重不实的要及时依法处理。 3. 发挥行业协会自律作用。

续表

序号	主管部门	改革事项	许可证件名称	设定依据	审批层级和部门	改革方式	改革举措具体做法	事中事后监管具体办法
3	国家电影局	电影发行单位设立变更业务范围或者兼并、合并、分立审批	电影发行经营许可证	《中华人民共和国电影产业促进法》《电影管理条例》	国家电影局；省级电影主管部门	优化审批服务	1．不再要求申请人提供营业执照等材料。 2．将审批时限由20个工作日压减至14个工作日。	1．开展“双随机、一公开”监管，发现违法违规行为要依法查处并公开结果。 2．依法及时处理投诉举报。 3．加强信用监管，向社会公布电影企业信用状况，对失信主体开展联合惩戒。 4．发挥行业协会自律作用。
4	国家电影局	境外电影机构在华设立办事机构审批	国家电影局关于同意××设立××办事机构的批复	《国务院对确需保留的行政审批项目设定行政许可的决定》《外国企业常驻代表机构登记管理条例》	国家电影局	优化审批服务	不再要求申请人提供首席代表、代表的身份证复印件等材料。	1．严格执行有关法律法规，重点关注境外电影机构在华办事机构的业务范围与活动，发现违法违规行为要依法查处并公开结果。2．依法及时处理投诉举报。3．加强信用监管，向社会公布有关机构信用状况，对失信主体开展联合惩戒。

规章、规范性文件

·电影制片、审查·

中外合作摄制电影片管理规定

2004年7月6日国家广播电影电视总局令第31号公布　根据2016年5月4日国家新闻出版广电总局令第8号《关于修改部分规章的决定》第一次修订　根据2017年12月11日国家新闻出版广电总局令第13号《关于废止、修改和宣布失效部分规章、规范性文件的决定》第二次修订

第一条　为繁荣电影创作生产，维护中外合作摄制电影片的制片者及相关人员的合法权益，促进中外电影交流，根据《电影管理条例》，制定本规定。

第二条　本规定所称中外合作摄制电影片，是指依法取得《摄制电影许可证》或《摄制电影片许可证（单片）》的境内电影制片者（以下简称中方）与境外电影制片者（以下简称外方）在中国境内外联合摄制、协作摄制、委托摄制电影片。

第三条　本规定适用于中外电影制片者在中国境内外合作摄制的故事片、美术片、科教片、纪录片、专题片等电影片（含胶片电影、数字电影、电视电影等）。

第四条　国务院广播影视行政部门负责中外合作摄制电影的管理工作。

第五条　中外合作摄制电影片包括下列形式：

（一）联合摄制，即由中外双方共同投资（含资金、劳务或实物）、共同摄制、共同分享利益及共同承担风险的摄制形式；

（二）协作摄制，即外方出资，在中国境内拍摄，中方有偿

提供设备、器材、场地、劳务等予以协助的摄制形式；

（三）委托摄制，即外方委托中方在中国境内代为摄制的摄制形式。

第六条 中外合作摄制电影片应当遵循以下原则：

（一）符合中国宪法、法律、法规及有关规定；

（二）尊重中国各民族的风俗、宗教、信仰和生活习惯；

（三）有利于弘扬中华民族的优秀文化传统；

（四）有利于中国的经济建设、文化建设、思想道德建设和社会安定；

（五）有利于中外电影交流；

（六）不得损害第三国的利益。

第七条 国家对中外合作摄制电影片实行许可制度。

境内任何单位或个人未取得《中外合作摄制电影片许可证》或批准文件，不得与境外单位或个人合作摄制电影片。未经批准，境外单位或个人不得在中国境内独立摄制电影片。

第八条 申请中外合作摄制电影片，除应当符合有关法律法规要求外，还应当具备下列条件：

（一）中方制片单位原则上需参与出品过两部或者以上获得电影公映许可证的国产电影；

（二）中外合作双方均不在因违反《中华人民共和国电影产业促进法》、《电影管理条例》而被禁止摄制电影的处罚期内。

第九条 申请中外合作摄制电影片应当向国务院广播影视行政部门提供下列材料：

（一）中方制片单位的摄制立项申请；

（二）中方制片单位参与出品的国产电影的电影公映许可证复印件（两部或者以上）；

（三）电影文学剧本（规范汉字）一式三份；

（四）外方的资信证明和合拍影片情况；

（五）中外双方合作意向书或协议书，主要内容应明确：合作各方投资比例、中外主创人员比例、是否参加国内外电影节（展）等；

（六）主创人员简介。

第十条 中外合作摄制电影片立项申报审批程序：

（一）中方制片单位向国务院广播影视行政部门提出申请；

（二）国务院广播影视行政部门按照《行政许可法》的规定期限受理申请单位提出的书面申请；

（三）决定受理的，国务院广播影视行政部门应当在二十个工作日内作出批准或不批准立项的决定。电影剧本须经专家评审的，应书面告知申请单位，其评审时间应在二十个工作日内完成；

（四）符合联合摄制条件的，发给一次性《中外合作摄制电影片许可证》；符合协作摄制、委托摄制条件的，发给批准文件。不批准的，应当书面说明理由。

第十一条 取得《中外合作摄制电影片许可证》或批准文件后，中外双方应根据批准立项的内容签订合同。

第十二条 《中外合作摄制电影片许可证》有效期为两年。

第十三条 联合摄制中需聘用境外主创人员的，应当报国务院广播影视行政部门批准，且外方主要演员比例不得超过主要演员总数的三分之二。

第十四条 联合摄制的电影片，应当制作普通话语言版本，其字幕须使用规范汉字。根据影片发行的需要，允许以普通话版本为标准，制作相应国家、地区、少数民族的语言文字版本。

第十五条 中外合作摄制完成的电影片，经当地省级广播影视行政部门提出初审意见后，报国务院广播影视行政部门电影审查委员会审查；中央和国家机关所属电影制片单位和持有《摄制电影片许可证（单片）》的单位申请立项并摄制完成的电影片，直接报国务院广播影视行政部门电影审查委员会审查。

第十六条 联合摄制的电影片，经审查合格，取得国务院广播影视行政部门颁发的《电影片公映许可证》后，方可在中国境内外发行公映。

协作摄制、委托摄制的电影片，经审查合格的，可持国务院广播影视行政部门的批准文件办理出境手续。

第十七条 中外双方如需更改已经取得《电影片公映许可证》的电影片，应当报国务院广播影视行政部门审批。

第十八条 联合摄制的电影片，需参加中外电影节（展）的，应按照举办、参加中外电影节（展）的有关规定报国务院广播影视行政部门备案。

第十九条 外方应通过中方在中国内地聘用电影创作及劳务人员，并依据中国法律、法规与应聘者签订合同。

第二十条 对违反本规定的行为，依据《电影管理条例》的有关规定处罚。

第二十一条 本规定适用于香港、澳门特别行政区及台湾地区的电影制片者在境内合作摄制电影。

第二十二条 本规定自2004年8月10日起施行。广电总局《中外合作摄制电影片管理规定》（广电总局令第19号）同时废止。

电影剧本（梗概）备案、电影片管理规定

2006年5月22日国家广播电影电视总局令第52号公布 根据2017年12月11日国家新闻出版广电总局令第13号《关于废止、修改和宣布失效部分规章、规范性文件的决定》修订

第一章 总 则

第一条 为规范和改进电影剧本（梗概）备案和电影片管理制度，提高电影质量，繁荣电影创作，满足广大群众的精神文化需求，推进电影业健康发展，根据《电影管理条例》，制定本规定。

第二条 国家实行电影剧本（梗概）备案和电影片审查制度。未经备案的电影剧本（梗概）不得拍摄，未经审查通过的电影片不得发行、放映、进口、出口。

第三条 本规定适用于在中华人民共和国境内公映的各类故事片、纪录片、科教片、动画片、专题片（含以上各类型的中外合拍片）等的电影剧本（梗概）备案、电影片审查和进口片审查。

第四条 国家广播电影电视总局（以下简称广电总局）负责电影剧本（梗概）备案和电影片审查的管理工作。

广电总局电影审查委员会和电影复审委员会负责电影片的审查。

省级广播影视行政部门（以下简称省级广电部门），经申请

可以受广电总局委托，成立电影审查机构，负责本行政区域内持有《摄制电影许可证》的制片单位摄制的部分电影片的审查工作（以下简称属地审查）。

第二章　电影剧本（梗概）备案

第五条　拟摄制电影的法人、其他组织（以下简称制片单位）应当在电影拍摄前，按照有关规定向相关电影主管部门申请办理电影剧本（梗概）的备案手续。

联合摄制电影片的，应当由其中的一个单位提前办理备案手续。

第六条　办理电影剧本（梗概）备案手续，应当提供下列材料：

（一）拟拍摄影片的备案报告；

（二）不少于一千字的电影剧情梗概一份。凡影片主要人物和情节涉及外交、民族、宗教、军事、公安、司法、历史名人和文化名人等方面内容的（以下简称特殊题材影片），需提供电影文学剧本一式三份，并要征求省级或中央、国家机关相关主管部门的意见；

（三）电影剧本（梗概）版权的协议（授权）书。

第七条　电影剧本（梗概）备案的程序：

（一）制片单位向广电总局或实行属地审查的省级广电部门提出备案；

（二）广电总局或实行属地审查的省级广电部门按照《行政许可法》规定的期限，发给《电影剧本（梗概）备案回执单》（式样附后）。

如在二十个工作日内没有提出意见的，制片单位可按备案的电影剧本（梗概）进行拍摄；

如对备案的电影剧本（梗概）有修改意见或不同意拍摄的，应在二十个工作日内书面通知制片单位；

如电影剧本需另请相关主管部门和专家评审的，需延长二十个工作日，并书面告知制片单位。

第八条　实行属地审查的省级广电部门，应将电影剧本（梗概）备案情况抄报广电总局；广电总局将定期在相关媒体公布电影剧本（梗概）备案情况。

第九条　拍摄重大革命和重大历史题材影片，需报送剧本立项审查，按照广电总局关于重大革命和重大历史题材电影剧本立项及完成片的管理规定办理。

第十条　拍摄重大文献纪录影片，需报送剧本立项审查，按照广电总局关于重大文献纪录影片的管理规定办理。

第十一条　中外合作摄制影片，需报送剧本立项审查，按照广电总局关于中外合作摄制电影片的管理规定办理。

第三章　电影片审查

第十二条　国家提倡创作思想性、艺术性、观赏性统一，贴近实际、贴近生活、贴近群众，有利于保护未成年人健康成长的优秀电影。大力发展先进文化，支持健康有益文化，努力改造落后文化，坚决抵制腐朽文化。

第十三条　电影片禁止载有下列内容：

（一）违反宪法确定的基本原则的；

（二）危害国家统一、主权和领土完整的；

（三）泄露国家秘密，危害国家安全，损害国家荣誉和利益的；

（四）煽动民族仇恨、民族歧视，破坏民族团结，侵害民族风俗、习惯的；

（五）违背国家宗教政策，宣扬邪教、迷信的；

（六）扰乱社会秩序，破坏社会稳定的；

（七）宣扬淫秽、赌博、暴力、教唆犯罪的；

（八）侮辱或者诽谤他人，侵害他人合法权益的；

（九）危害社会公德，诋毁民族优秀文化的；

（十）有国家法律、法规禁止的其他内容的。

第十四条 电影片有下列情形，应删剪修改：

（一）曲解中华文明和中国历史，严重违背历史史实；曲解他国历史，不尊重他国文明和风俗习惯；贬损革命领袖、英雄人物、重要历史人物形象；篡改中外名著及名著中重要人物形象的；

（二）恶意贬损人民军队、武装警察、公安和司法形象的；

（三）夹杂淫秽色情和庸俗低级内容，展现淫乱、强奸、卖淫、嫖娼、性行为、性变态等情节及男女性器官等其他隐秘部位；夹杂肮脏低俗的台词、歌曲、背景音乐及声音效果等；

（四）夹杂凶杀、暴力、恐怖内容，颠倒真假、善恶、美丑的价值取向，混淆正义与非正义的基本性质；刻意表现违法犯罪嚣张气焰，具体展示犯罪行为细节，暴露特殊侦查手段；有强烈刺激性的凶杀、血腥、暴力、吸毒、赌博等情节；有虐待俘虏、刑讯逼供罪犯或犯罪嫌疑人等情节；有过度惊吓恐怖的画面、台词、背景音乐及声音效果；

（五）宣扬消极、颓废的人生观、世界观和价值观，刻意渲染、夸大民族愚昧落后或社会阴暗面的；

（六）鼓吹宗教极端主义，挑起各宗教、教派之间，信教与不信教群众之间的矛盾和冲突，伤害群众感情的；

（七）宣扬破坏生态环境，虐待动物，捕杀、食用国家保护类动物的；

（八）过分表现酗酒、吸烟及其他陋习的；

（九）违背相关法律、法规精神的。

第十五条 电影片的署名、字幕等语言文字，应按《中华人民共和国著作权法》、《中华人民共和国国家通用语言文字法》等有关规定执行。

第十六条 电影片技术质量按照国家有关电影技术标准审查。

第十七条 摄制完成的电影片应当报相应的电影审查机构审查。送审电影片应当提供下列材料：

（一）混录双片

1．混录双片一套（如用贝塔录像带代替混录双片送审，需另报广电总局批准），数字电影送高清数字节目带一套；

2．国产电影片送审报告单一式四份；

3．影片主创人员名单；

4．影片英文译名报告（一般提前申报）；

5．原著改编意见书；

6．联合摄制合同书；

7．完成台本一套；

8．《电影剧本（梗概）备案回执单》。

（二）标准拷贝

1．标准拷贝两套（广电总局和中国电影资料馆各一套）；

2．影片1/2录像带三套（中外合拍片四套）、贝塔录像带、贝塔宣传带、终混八轨带各一套；

3．送审标准拷贝技术鉴定书；

4．被定为民族语译制影片的音乐效果素材；

5．完成台本三套（民族语译制影片为四套）；

6．相关剧照。

数字电影的技术审查标准及需提交的材料，按照广电总局有关规定执行。

第十八条 电影片的审查程序：

（一）制片单位应向广电总局电影审查委员会提出审查申请；

（二）广电总局电影审查委员会自收到混录双片及相关材料之日起二十个工作日内作出审查决定。审查合格的，发给《影片审查决定书》和《电影片公映许可证》片头。审查不合格或需要修改的，应在《影片审查决定书》中作出说明，并通知制片单位；

（三）广电总局电影审查委员会自收到标准拷贝（数字节目带）及相关材料之日起十个工作日内作出审查决定。审查合格的，发给《电影片公映许可证》；审查不合格或需要修改的，应通知制片单位；

（四）影片审查不合格需经修改后再次送审的，审查期限重新计算；

（五）制片单位对电影片审查决定不服的，可以自收到《影片审查决定书》之日起三十个工作日内向广电总局电影复审委员会提出复审申请。广电总局电影复审委员会应在二十个工作日内作出复审决定。复审合格的，发给《电影片公映许可证》；不合格的，书面通知制片单位；

（六）实行属地审查的省级广电部门，应依照本规定进行电影片审查，审查合格的，颁发《影片审查决定书》和《送审标准拷贝技术鉴定书》；审查不合格或需要修改的，按本规定第十八条（二）、（三）、（四）款项中相关规定办理。

制片单位持《影片审查决定书》、《送审标准拷贝技术鉴定书》及本规定第十七条规定的相关材料，到广电总局领取《电影片公映许可证》。

第十九条 实行属地审查的省级广电部门认为必要时，可以将送审影片提交广电总局电影审查委员会审查。

制片单位对省级广电部门的审查决定有异议的，可以向广电总局电影审查委员会申请重审。

第二十条 联合摄制的电影片，由办理备案手续的制片单位按照本规定送相应的电影审查机构审查。

第二十一条 重大革命和重大历史题材影片、重大文献纪录影片、特殊题材影片、中外合作摄制影片，由省级广电部门初审同意后，报广电总局电影审查机构审查。

第二十二条 中央和国家机关所属的电影制片单位和所有持有《摄制电影片许可证（单片）》的单位摄制的影片，直接报广电总局电影审查委员会审查。

第二十三条 进口电影片的审查，按照《电影管理条例》第四章关于电影进口和本规定第三章关于电影片审查的相关条款办理。

第四章 附 则

第二十四条 对违反本规定的行为，依据《电影管理条例》和其他有关法律、法规进行处理。

第二十五条 本规定自2006年6月22日起施行。1997年1月16日广播电影电视部发布的《电影审查规定》（广播电影电视部令第22号）、2004年7月6日广电总局发布的《电影剧本（梗概）立项、电影片审查暂行规定》（广电总局令第30号）同时废止。

附件：《电影剧本（梗概）备案回执单》（略）

聘用境外主创人员参与摄制国产影片管理规定

国家广播电影电视总局　2001年12月13日　广发影字〔2001〕1451号

为加强对电影制片业的管理，规范聘用境外主创人员参与拍摄国产影片的活动，确保影片的质量，依据《电影管理条例》和有关电影法规，制订本规定。

一、本规定所指的国产影片，包括国产故事片（含儿童片）、纪录片、科教片、美术片、专题片及各类中外合拍影片（不含协作摄制、委托摄制的影片）。

二、本规定所称境外主创人员，是指境外（含香港、澳门特别行政区，台湾省）从事电影创作的导演、编剧、摄影、主要演员。

三、国产故事片原则上不得聘用境外导演，其他主创人员一般也应是我国境内公民。因题材、技术、角色等特殊需要聘用境外主创人员的，制片单位须报国务院广播电影电视行政部门批准后方可聘用；但主要演员中聘用境外的主角和主要配角均不得超过主要演员总数的三分之一。

四、中外合作摄制的故事片，其主创人员一般也应以我国境内公民为主。因题材、技术、角色等特殊需要聘用境外主创人员的，境内制片单位须报国务院广播电影电视行政部门批准后方可聘用；但主要演员中聘用境外的主角和主要配角一般均不得超过主要演员总数的二分之一。

五、纪录片、科教片、美术片、专题片，因特殊需要聘用境外主创人员的，参照本规定第三、四条规定执行。

六、制片单位必须严格执行本规定，违反本规定聘用境外主创人员或未按国务院广播电影电视行政部门的批准的要求擅自聘用人员的，国务院广播电影电视行政部门将依据有关电影法规进行处理。

七、本规定自 2002 年 1 月 1 日起施行。1996 年广播电影电视部电影事业管理局发布的《关于国产故事片、合拍片主创人员构成的规定》同时废止。

关于加强内地与香港电影业合作、管理的实施细则

国家广播电影电视总局　2003年10月21日　广影字〔2003〕第658号

各省、自治区、直辖市广电局（厅）、文化厅（局），各电影集团、电影制片厂（公司）、电影院线公司、电影发行公司：

根据中央政府和香港特区政府签署的《内地与香港关于建立更紧密经贸关系的安排》，及内地与香港在电影上的具体承诺，现就加强内地与香港电影业合作管理的有关问题制定以下实施细则。

一、关于香港影片的界定

香港拍摄的华语影片是指根据香港特别行政区有关条例设立或建立的制片单位所拍摄的，拥有75%以上影片著作权的华语影片。该影片主要工作人员组别中香港居民应占组别整体员工数的50%以上。

二、关于引进香港影片

1．由中国电影集团公司进出口分公司（以下简称进出口公司）统一进口，其他任何单位或者个人不得经营香港影片的进口业务。

2．国家广电总局电影审查委员会根据《电影管理条例》对进口供公映的香港影片进行审查，取得国务院广播电影电视行政部门颁发的《电影片公映许可证》后，方可发行、放映。凡取得《电影片公映许可证》的香港影片，作为进口影片在内地发行，不受进口影片配额限制。引进的香港影片其数量、放映时间不受国产片与进口片数量、放映时间份额限制而单独统计。

3．引进香港影片要遵循以下原则：坚持引进思想艺术质量

较高与技术制作水平较高和中国内地观众喜欢的优秀影片；同时，作为内地与香港文化交流的重要组成部分，坚持引进不同类型、不同题材、不同艺术风格的影片。

4. 进口的香港影片由进出口公司初选。根据国家广电总局电影局《关于改革进口影片供片机制的暂行办法》（广影字〔2003〕第418号），引进的香港影片，由中影集团发行放映分公司和华夏电影发行有限责任公司发行。香港影片上映档期由发行公司根据市场自行决定。

5. 在广东、广西、海南等粤语地区，根据市场需要，允许以普通话版本为标准，制作发行粤语版拷贝。如有字幕，需使用标准的规范汉字。

三、关于内地与香港合作摄制电影

在执行《中外合作摄制电影片管理规定》的同时，享受下列优惠条件：

1. 联合摄制的电影，其故事发生地可不受地域限制，但故事情节或主要人物须与内地有关。

2. 联合摄制的电影，港方主创人员不受比例限制，但内地主要演员的比例不得少于影片演员总数的三分之一。

3. 经总局批准，合作摄制的电影底片、样片的冲印及后期制作，可不受特殊技术要求限制，在香港完成。

四、关于内地与香港投资改建影院

在执行《外商投资电影院暂行规定》的同时，香港投资者在内地以合资、合作方式建设或改造电影院，可控股经营，但控股比例不得超过注册资本的75%。

允许香港投资者与内地公司成立影院建设公司改建电影院，影院建设公司香港公司可控股经营，但控股比例不得超过注册资本的75%。

关于加强和改进历史题材影视创作管理的通知

国家广播电影电视总局　2006年11月23日　广发〔2006〕51号

各省、自治区、直辖市广播影视局，新疆生产建设兵团广播电视局，重大革命和重大历史题材影视创作领导小组：

为进一步加强和改进历史题材影视创作管理工作，结合当前影视创作管理实际，广电总局研究、制定了历史题材特别是重大历史题材影视作品创作的管理原则和措施。现将有关要求通知如下：

一、充分认识历史题材影视创作及管理的重要意义

我国悠久灿烂的历史文明是中华民族的宝贵精神财富，是实现民族团结繁荣、国家长治久安，全面建设小康社会、构建社会主义和谐社会，实现中华民族伟大复兴的重要精神力量。影视作品是传播社会主义先进文化的重要表现形式，具有形象直观、手段先进、受众广泛等优势。历史题材特别是重大历史题材影视作品所包含的历史观、价值观、历史知识等，对各年龄层次、各阶层观众都有较强的教育、示范和引导作用。要深入学习领会中央领导同志的重要批示精神，进一步明确广播影视部门对重大历史题材影视创作的管理职责，充分认识历史题材特别是重大历史题材影视作品创作的重要意义，切实增强政治意识、大局意识和责任意识，站在国家、民族文化利益的高度，改进和加强历史题材影视作品的创作与管理，落实创作生产、审查管理和舆论引导的各项措施，确保历史题材影视作品体现正确的历史观、价值观、

人生观。

二、当前历史题材影视作品创作及管理的基本情况

近年来，随着文化体制改革的不断深入，我国的影视创作呈现出持续繁荣发展的大好局面，影视剧产量逐年增加，为繁荣社会主义先进文化、满足人民群众日益增长的精神文化需求发挥了重要作用。古代历史题材影视作品的产量有所递减，质量不断提高。绝大部分历史题材影视作品遵循马克思主义唯物史观和文艺观，尊重史实、导向正确、内容健康，涌现了一大批艺术精湛、制作精良、广大观众喜闻乐见的优秀作品，为普及历史知识，弘扬正确的历史观与价值观，传承中华民族优秀传统文化做出了积极贡献。

结合历史题材影视作品创作的实际情况，广电总局不断改进措施、规范程序、调整政策、明确职责。对历史题材电视剧实行备案公示管理和审查管理制度，对历史题材影片实行电影剧本（梗概）备案和电影片审查制度，对重大革命和重大历史题材影视剧实行选题立项、剧本审查和完成片内容审查三个环节的管理制度。同时，大力调控电视播出的时段和比例，积极引导各类媒体对历史题材影视作品进行客观、有益的评论，帮助和引导广大观众正确看待历史和历史题材影视作品。同时加大了对优秀历史题材影视作品的宣传力度，扩大社会影响，引导社会舆论，使此类作品的创作与管理总体上呈现出良好的发展态势。

但是，我们也清醒认识到，当前历史题材影视作品创作中仍然存在一些亟待解决的问题。比如，某些作品对历史事件进行失当的虚构或篡改；某些创作人员缺乏对唯物史观的正确把握，导致作品宣扬偏颇的历史观；某些作品集中展现帝王将相的权谋斗争和后宫生活，忽视了对广大劳动人民形象的展示；某些作品对

重大历史事件、重要历史人物随意“戏说”，淡化主流意识形态，有庸俗化、媚俗化倾向等。

三、加强和改进重大历史题材创作与管理的指导原则

1．坚持以马克思主义唯物史观、文艺观和价值观为指导。要高度重视历史题材特别是重大历史题材影视作品的社会影响，积极组织管理人员和艺术创作人员，切实加强对马克思主义唯物史观及文艺理论的学习和研究，弘扬以爱国主义为核心的民族精神，提倡符合传统美德、体现时代精神的创作风气，努力实现进步的历史观与正确的文艺观、健康的美学观的有机结合。

2．坚持先进文化的前进方向，以建设和谐文化为主题。历史题材特别是重大历史题材影视创作要始终坚持社会主义先进文化的前进方向，以建设和谐文化为主题，切实加强全民思想道德建设，积极宣传正确的历史观和价值观，大力弘扬民族优秀文化传统，发掘体现和谐精神的历史文化资源，建立以创造和谐文化为核心价值的创作和管理体系，努力实现博大深厚的历史文化与进步创新的当代文化的有机结合。

3．坚持尊重历史史实，尊重艺术规律。要全面贯彻中央对历史题材影视创作的指导方针，正确表现传统文化，切实增强责任感和使命感，保证历史人物、历史事件的准确客观。同时，要不断认识、掌握历史题材影视创作的艺术规律，尊重艺术家的创造性劳动，做到弘扬主旋律和提倡多样化的统一，以符合影视艺术规律的方式管理创作、服务创作，努力实现辉煌灿烂的传统文明与蓬勃发展的现代文明的有机结合。

4．坚持一手抓繁荣，一手抓管理的方针。要进一步激发影视创作人员的热情，正确引导他们为繁荣我国影视创作呈现更多的精品力作。同时，要进一步发挥重大革命和重大历史题材影视

创作领导小组的作用，牢固树立把关意识，切实加强管理，规范程序，坚决杜绝有不良倾向、导向错误的影视作品及情节、画面在银幕、荧屏上出现。

5．坚持社会效益第一，努力做到思想性、艺术性和观赏性相统一。要主动关注和指导历史题材特别是重大历史题材影视作品创作，引导创作者运用正确的历史观、价值观、文艺观进行创作。坚持把社会效益放在首位，实现社会效益和经济效益的统一，努力生产更多思想性、艺术性、观赏性相统一的影视精品力作。同时，要运用宏观调控机制进行适当的题材规划，合理协调各类题材影视作品的创作生产。对重大历史题材影视作品的把关要科学严谨，继续完善目前行之有效的审查管理制度，使审查工作更加科学、客观和有力。

四、加强和改进重大历史题材创作与管理的具体措施

1．引导创作人员树立正确的唯物史观、文艺观和价值观。影视创作人员的思想观点直接决定作品的历史观、价值观是否正确，直接体现出是否符合社会主义先进文化的前进方向和和谐文化的发展要求。因此，要加强思想教育和政策宣传，引导影视创作人员主动学习马克思主义理论，学习历史知识，了解历史题材影视作品的艺术创作规律。要加大培训力度、加强文艺评论，积极组织有关理论知识的学习和交流，提高创作者的历史文化水平和历史责任意识，使创作者能够在艺术创作中自觉遵循马克思主义唯物史观，不断增强社会责任感，体现正确的创作方向和创作理念。

2．严格立项审批程序，强化管理和监督。要进一步加强重大历史题材影视作品的立项和审查管理工作，严把导向关和质量关。除部分重大历史题材影视创作按中办发〔2006〕29 号文件精

神严格管理外，其他重大历史题材电影、电视剧要继续严格执行广电总局有关立项及完成片审查管理的规定，凡以重大历史事件、重要历史人物为主要表现内容的电影、电视剧，在开拍前必须将剧本报送重大革命和重大历史题材影视创作领导小组立项，获得批准后方能投入拍摄。严禁违反国家有关规定，在未经审查立项的情况下擅自拍摄此类影视作品。对内容有明显导向错误、宣扬不正确历史观、思想意义消极、严重违背史实等问题的作品要严格把关。未经审查通过的历史题材影视作品不得在影院上映和在电视台播放。电影局、电视剧司对重大历史题材影视作品的创作生产将跟踪管理，加强监督。

3．进一步建立健全重大历史题材影视作品的监督管理及论证机制。重大革命和重大历史题材影视创作领导小组要加强对此类作品的创作论证工作，加强与特约审查单位（包括中央政策研究室、中央文献研究室、中央党史研究室、中央档案馆、国家民委、国家宗教局、中国社科院、军事科学院、北京大学等单位）及特邀专家的联系与沟通。凡涉及重大历史题材的影视作品，须请有关特约审查单位推荐的历史学家参与剧本的审查和讨论。此类影视作品的出品方、制片方要认真听取历史学家对电影或电视剧的意见，确保作品内容在历史观、价值观、重大历史事实等方面不出现错误和偏差。

4．加强宏观创作规划，有效调控影视作品题材比例。总局要切实加强重大历史题材影视作品的审批管理工作，在影视片的立项审批阶段，尽量避免内容雷同作品的重复投产，严格控制戏说历史的作品。同时，要积极进行历史题材影视作品题材规划的宏观调控，鼓励现实题材作品的创作，加强现实主义题材作品的生产能力和创作水准，提高现实主义题材作品的生产数量和质量。

对历史题材影视作品的创作要主动引导，适当减少表现封建皇权、帝王将相等内容的作品数量，增加表现广大人民群众形象的作品数量。努力使历史题材影视作品的思想内涵与现实社会有机联系，起到传播历史知识、弘扬历史文明、以史为鉴、启迪今人的作用。

5．加大宣传力度，正确引导舆论，繁荣影视评论。要主动推动优秀重大历史题材影视作品的宣传、推广工作，使这些优秀作品成为历史题材影视作品的主流，提高知名度，扩大观众群，通过作品的广泛传播普及正确的历史知识，宣扬正确的历史观，在广大人民群众中发挥积极的引导作用。广播电台、电视台要在主流媒体开辟渠道，鼓励专家学者及时对重大历史题材影视作品进行点评，肯定成绩，指出不足，改善当前史学研究与历史题材影视作品创作交流难、沟通少的局面。

特此通知。

关于改进和完善电影剧本（梗概）备案、电影片审查工作的通知

国家广播电影电视总局　2010年2月4日　广发〔2010〕19号

各省、自治区、直辖市广播影视局，新疆生产建设兵团广播电视局，总局机关各司局、直属各单位，全国各电影制片单位：

近年来，在党中央的亲切关怀下，在各级政府的大力支持下，经过全体电影工作者的不懈努力，推动了电影产业化的不断发展，电影创作和电影市场呈现出良好的发展态势。目前，根据中央的统一部署，全国电影管理体制的划转工作已全部到位，这对理顺电影管理体制，加速电影产业化更好更快的发展，提供了良好的条件。为充分发挥省级广播影视行政部门（以下简称省级广电部门）的积极性，更好地履行电影管理职能，规范行政审批程序和环节，为电影制片单位提供更加便捷高效的服务，依据《电影管理条例》和《电影剧本（梗概）备案、电影片管理规定》（广电总局令第52号），现就改进和完善电影剧本（梗概）备案、电影片审查的管理工作通知如下：

一、建立健全管理机制

电影剧本（梗概）的备案、影片的审查，是确保电影创作繁荣和导向正确的关键，是电影管理工作中基础而又重要的环节。广电总局于2006年发布了《电影剧本（梗概）备案、电影片管理规定》。该规定实施三年多来，对电影的整个创作生产起到了规范保障作用。各省级广电部门要认真总结经验，高度重视并加

强这一管理环节，建立健全电影管理和电影审查机构，确保人员、技术设备等尽快落实到位，确保此项工作正常运转。

二、进一步明确管理职责

广电总局负责全国电影剧本（梗概）备案、影片审查的管理工作，广电总局电影审查机构负责影片的终审。

各省级广电部门负责本行政区域内电影剧本（梗概）备案、影片初审的管理工作，并成立相应的管理机构和电影审查机构，具体负责本行政区域内电影剧本（梗概）备案的上报、批复和影片的初审、上报。实行属地审查（吉林、广东、浙江、陕西、湖北省和北京市）的省级广电部门和电影审查机构负责本行政区域内电影剧本（梗概）备案的上报、批复和影片的初审、部分影片的终审。

（一）电影剧本（梗概）备案

1．电影制片单位（包括经工商注册登记成立的各类影视文化公司，下同）摄制电影，应在拍摄前由第一出品单位将电影剧本（梗概）送工商注册登记所在地的省级广电部门备案，省级广电部门应按照《行政许可法》规定的期限作出决定并上报广电总局，待总局公布备案结果后，由省级广电部门对持有《摄制电影许可证》的电影制片单位发放《电影剧本（梗概）备案回执单》、其他电影制片单位发放《摄制电影许可证（单片）》，修改后拍摄或不同意拍摄的应说明理由并书面通知制片单位。

2．凡剧情主要内容和主要人物涉及国家安全、外交、民族、宗教、军事、公安、司法、历史和文化名人、敏感历史事件等方面的（以下简称特殊题材），省级广电部门须将电影剧本征得省级相关主管部门的意见后，方可备案。

3．拍摄重大革命和重大历史题材影片、重大文献纪录影片、中外合作影片，由省级广电部门审核电影剧本后，按相关的管理规定报广电总局进行立项审批。

4．中央和国家机关（军队）所属的电影制片单位摄制电影，将电影剧本（梗概）直接送广电总局备案或立项审批。

5．各省级广电部门应将同意电影剧本（梗概）备案的情况及时报广电总局，内容包括：影片名称、备案单位（联系人、电话）、编剧姓名（实名）、故事摘要（300字左右）、备案意见等。

6．广电总局对备案情况进行汇总、审核后，于每月上旬和下旬分两次在广电总局政府网站公布全国电影剧本（梗概）的备案结果。未经备案公布或立项批准的电影剧本（梗概）不得拍摄，完成影片不予受理审查。

（二）影片审查

1．电影制片单位摄制完成的影片，需按电影剧本（梗概）备案程序，送当地省级广电部门的电影审查机构初审，形成初审意见后由省级广电部门报广电总局电影审查机构进行终审。

2．中央和国家机关（军队）所属的电影制片单位摄制的各类影片，直接报广电总局电影审查机构审查。

3．广电总局电影审查机构审查的影片，审查合格的，由广电总局颁发《电影片公映许可证》；审查不合格或需要修改的应书面通知制片单位。

4．实行属地审查的省级电影审查机构，除对所属电影制片单位摄制的重大革命和重大历史题材影片、重大文献纪录影片、中外合作影片进行初审并报广电总局电影审查机构终审外，对其它各类影片进行终审（特殊题材影片须有省级相关主管部门的意见），审查合格的，由省级广电部门颁发《影片审查决定书》和《送审标准拷贝技术鉴定书》，制片单位持此文件并备齐相关材料到广电总局领取《电影片公映许可证》；需要修改或审查不合格的，应说明理由并书面通知制片单位；省级广电部门对个别难以作出审查决定或制片单位对审查决定不服的影片，可以提交广电总局电影审查机构审查，但需提供书面意见和理由。

5. 电影制片单位对广电总局电影审查委员会的审查决定不服的，可以自收到审查决定之日起三十个工作日内向广电总局电影复审委员会提出复审申请。广电总局电影复审委员会应在二十个工作日内作出复审决定，复审合格的，由广电总局颁发《电影片公映许可证》；复审不合格的，书面通知制片单位。

三、其它有关事项

（一）本通知适用于各类国产故事影片、戏曲影片、动画影片、纪录影片、科教影片（不含国家定制的科教影片）、专题影片等以及专供电影频道播映的国产影片的剧本（梗概）备案和影片审查。

（二）本通知涉及的有关电影剧本（梗概）备案、影片审查的具体工作时限和送交的相关材料，仍按《电影剧本（梗概）备案、电影片管理规定》（广电总局令第52号）中第六条、第七条、第十七条、第十八条和《数字电影母版有偿收集暂行规定》（〔2008〕影字863号）的相关要求执行。

（三）影片拍摄过程中的相关管理工作，由接受电影剧本（梗概）备案的省级广电部门负责，凡涉及军队、公安、文物等协助拍摄及办理出入境手续的，由省级广电部门审核后，报广电总局批准。

（四）各省级广电部门接到本通知后，请将所属电影审查机构的人员组成、工作程序、技术设备等情况报总局备案（联系人：广电总局电影局制片处刘艳徽、黄治，联系电话：01086090423、

01086090424）。

（五）本通知自下发之日起执行，个别省级广电部门因技术设备等原因，暂不能承担影片审查的，需提出书面报告，但必须在2010年6月30日前执行。

附件：1．《电影剧本（梗概）备案、电影片管理规定》（广电总局令第52号，略）

2．《数字电影母版有偿收集暂行规定》（广电总局电影局〔2008〕影字863号，略）

3．《电影剧本（梗概）备案回执单》（式样，略）

4．《摄制电影许可证（单片）》（式样，略）

关于规范影片片头的通知

国家广播电影电视总局　2010 年 12 月 15 日　〔2010〕影字 1022 号

北京电影洗印录像技术厂、长影电影集团公司、上海电影技术厂有限公司、珠江电影集团有限公司、华龙电影数字制作公司：

为适应电影产业化发展需要，加强电影制片规范管理，现提出影片洗印、数字加工制作管理要求，望各单位严格遵守，加强管理，确保影片洗印、数字加工制作规范化管理。

一、电影洗印、数字加工制作单位在拷贝洗印、电影数字母版及相关素材制作中，不得省略片头公映许可证音乐，影片片头不得出现有画无声现象。

二、现行双片审查通过即发公映许可证片头，电影洗印、电影数字加工制作单位须在验明电影管理局颁发的《电影片公映许可证》（数字版须查验《电影片（数字）技术合格证》）后，方可承接影片发行拷贝洗印、电影数字发行版制作业务。

三、自本通知发文之日起，原广电总局电影局《关于规范影片拷贝片头的通知》广影字〔2004〕第 10 号文即刻废止。

特此通知。

关于规范电影片署名相关事项的通知

国家新闻出版广电总局　2013年12月13日　影字〔2013〕618号

各省、自治区、直辖市广电局，各电影制片单位，中国电影合作制片公司：

为依法保护电影著作权所有者的合法权益，改变部分电影片署名混乱的现状，规范电影片字幕署名的管理工作，根据《著作权法》、《国家通用语言文字法》、《电影管理条例》和《国产电影片字幕管理规定》，特通知如下：

一、编剧、导演等主创人员的署名应置于片头或片尾字幕的醒目位置。

二、各级党政机关不得作为电影的出品单位，一般不作为电影的联合摄制单位。

三、各级党政机关的领导、工作人员（非主创人员）不得以职务原因在电影片片头尾字幕中署名；确系主创人员需署名的，须报省级以上广电部门审核备案。

四、各级电影行政管理部门的领导、工作人员，应认真学习、领会该《通知》精神，严于律己，以身作则，不得以管理工作之便在影片中署名。

该规定自通知下发之日起施行。

关于试行国产电影属地审查的通知

国家新闻出版广电总局　2014年2月18日　新广电发〔2014〕27号

各省、自治区、直辖市广播影视局，新疆建设兵团广播电视局，总局机关各司局、直属各单位，全国各电影制片单位：

为贯彻落实党的十八届三中全会精神，进一步简政放权，深化行政审批制度改革，推进文化体制机制创新，更好发挥地方广电主管部门的职能作用，依据《电影管理条例》（国务院令第342号）、《电影剧本（梗概）备案、电影片管理规定》（国家广电总局令第52号）和《国家广电总局关于改进和完善电影剧本（梗概）备案，电影片审查工作的通知》（广发〔2010〕19号文），经研究决定，在2010年7月以来电影实行“一备两审制”的基础上，进一步推动在全国范围内全面试行国产影片属地审查，现将相关要求通知如下：

一、明确管理职责，规范审查程序

（一）省级广电部门和电影审查机构职责

1．负责本行政区域内所属电影制片单位摄制的各类影片的审查，并在规定的行政许可时限内，作出审查决定，颁发《影片审查决定书》和相关文件，并负责电影审查中相关的制片管理工作。

2．重大革命和重大历史题材影片，按规定要求，由省级广电部门电影审查机构审查通过后，送国家新闻出版广电总局重大革命和重大历史题材影视创作领导小组终审通过后，颁发《影片审查决定书》（见附件1《重大革命和重大历史题材影片送审说明》）。

3．重大文献纪录影片，按规定要求，由省级广电部门电影审查机构审查通过后，送国家新闻出版广电总局重大文献纪录影视片创作领导小组终审通过后，颁发《影片审查决定书》（见附件2《重大文献纪录影片送审说明》）。

4．中外合作影片由省级广电部门电影审查机构审查通过后，经中国电影合作制片公司审核通过，颁发《影片审查决定书》（见附件3《合拍影片送审说明》）。

5．制片单位持省级广电部门颁发的《影片审查决定书》和相关文件送国家新闻出版广电总局，办理领取《电影片公映许可证》的相关手续（见附件4《国产影片送审说明》和附件5《领取〈电影片公映许可证〉说明》）。

6．制片单位对省级广电部门电影审查机构的审查决定有异议的，可以向国家新闻出版广电总局电影复审委员会申请复审。

（二）国家新闻出版广电总局和电影审查机构职责

1．负责全国电影管理和电影审查工作的指导、监管。

2．负责对属地审查的影片（含相关材料）进行核准，并进行抽样检查，发现有与电影审查标准不符的问题，应在属地审查意见的基础上，提出修改意见，并向省级广电主管部门下发《影片核准意见书》。

3．负责对中央和国家机关（军队）所属电影制片单位摄制的各类影片和进口影片进行审查（重大革命和重大历史题材影片、重大文献纪录影片和中外合作影片需先经相关审查机构审查），并在规定的行政许可时限内，作出审查决定，颁发《影片审查决定书》和相关文件，并负责电影审查中相关的制片管理工作。

4．办理各类影片发放《电影片公映许可证》的相关手续。

5．受理电影制片单位对影片审查决定存有异议的审查工作。

二、完善审查制度，提高管理水平

全面试行国产电影的属地审查，是改革电影管理工作的重大举措，各省广电部门必须高度重视、统一思想、提高认识、改进工作，并从以下几点抓好落实：

（一）健全完善机构。要根据本地实际，在原有的电影管理部门和电影审查机构的基础上，进行调整、充实，一要把政治素质好、专业水准高、责任观念牢、服务意识强的优秀人才吸收到电影管理和审查工作中来；二要完备电影审查的技术设备设施，确保属地审查工作落到实处。

（二）严格审查标准。要提倡创作思想性、艺术性、观赏性统一，贴近实际、贴近生活、贴近群众，有利于保护未成年人健康成长的优秀影片，坚持正确的创作导向，大力发展先进文化，支持健康有益文化，努力改造落后文化，坚决抵制腐朽文化。要严格依照《电影管理条例》和相关电影审查的法规，通过电影的依法审查，不断体现和引领电影创作的正确导向，不断提高电影的艺术质量。

（三）增强服务意识。在严格依法审查的同时，必须按照行政审批的规定时限，及时审查影片并作出审查决定，为制片单位提供优质高效的服务，坚决杜绝审查工作中的不正之风。

（四）改进工作作风。今后国家新闻出版广电总局要与各省广电部门建立长效的沟通协调机制，充分吸取各省在电影审查和管理工作中的成功经验，及时了解掌握出现的问题，采取调研、培训、督导等不同方式，有针对性的进行协调和指导。不断提高电影审查质量和电影管理水平，确保电影审查工作正常进行。

本通知自 2014 年 4 月 1 日起执行。个别省级广电部门因技术设备等原因，暂不能承担影片审查的，需提出书面报告，但必须在 2014 年 7 月 1 日前执行。

附件：1. 重大革命和重大历史题材影片送审说明
2. 重大文献纪录影片送审说明
3. 合拍影片送审说明
4. 国产影片送审说明
5. 领取《电影片公映许可证》说明

附件 1

重大革命和重大历史题材影片（简称“重大题材”）送审说明

一、送审程序

重大题材影片摄制完成后，由第一出品方注册所在地的省级广电部门进行初审，初审通过后再报重大革命和重大历史题材影视创作领导小组电影组（简称“重大小组”）；中央和国家机关所属电影制片单位申请立项并摄制完成的重大题材影片，直接报重大小组。

二、送审需提交的材料

1. 高清数字节目带（HDCAM）一套。

2. 重大小组同意立项的批复。

3. 省级广电部门出具的《影片审查意见表》（需领导签字、加盖省级电影审查机构或省级广电部门公章）。

4. 《影片审查报批表》一式三份附电子文档（须加盖第一出品单位公章、省级电影审查机构或省级广电部门公章）。

5．《主要创作人员登记表》一份附电子文档。

6．同意增加或变更出品单位的批复的复印件或合同，且出品单位数量与出品人数量相符。

7．完成台本电子文档。

8．交回《摄制电影许可证（单片）》或《电影剧本（梗概）备案回执单》。

9．影片英文译名报告（须提前书面申请，经同意后印制在中文片名下）。

10．同意更改影片片名的批复复印件。

11．经办人领取"《电影片公映许可证》片头"（简称"龙标"）的授权书（须加盖第一出品单位公章）。

附件2

重大文献纪录影片送审说明

一、送审程序

重大文献纪录影片摄制完成后，由第一出品方注册所在地的省级广电部门进行初审，初审通过后再报重大文献纪录影视片创作领导小组；中央和国家机关所属电影制片单位申请立项并摄制完成的重大文献纪录影片，直接报重大文献纪录影视片创作领导小组。

二、送审需提交的材料

1．高清数字节目带（HDCAM）一套。

2．重大文献纪录影视片创作领导小组同意立项的批复。

3．省级广电部门出具的《影片审查意见表》（需领导签字、加盖省级电影审查机构或省级广电部门公章）。

4.《影片审查报批表》一式三份附电子文档（须加盖第一出品单位公章、省级电影审查机构或省级广电部门公章）。

5.《主要创作人员登记表》一份附电子文档。

6. 同意增加或变更出品单位的批复的复印件或合同，且出品单位数量与出品人数量相符。

7. 完成台本电子文档。

8. 交回《摄制电影许可证（单片）》或《电影剧本（梗概）备案回执单》。

9. 影片英文译名报告（须提前书面申请，经同意后印制在中文片名下）。

10. 同意更改影片片名的批复复印件。

11. 经办人领取龙标的授权书（须加盖第一出品单位公章）。

附件3

合拍影片送审说明

一、送审程序

中外合作摄制完成的电影片，由省级广电部门电影审查机构审查通过后，经中国电影合作制片公司审核通过，省级电影审查机构颁发《影片审查决定书》；中央和国家机关所属电影制片单位申请立项并摄制完成的合拍片，经中国电影合作制片公司对相关材料审核后，报国家新闻出版广电总局电影审查委员会审查。

二、领取龙标需提交的材料

1. 高清数字节目带（HDCAM）一套。

2. 省级广电部门出具的《影片审查决定书》（须加盖省级

电影审查机构或省级广电部门公章）。

3．省级广电部门出具的《影片审查意见表》（需领导签字、加盖电影审查机构或省级广电部门公章）。

4． 中国电影合作制片公司审核意见（须加盖合拍公司公章）。

5．《合拍影片审查报批表》一式三份附电子文档（须加盖第一出品单位公章、省级电影审查机构或省级广电部门公章）。

6．《主要创作人员登记表》一份附电子文档。

7．影片英文译名报告（须提前书面申请，经同意后印制在中文片名下）。

8．同意增加或变更出品单位的批复的复印件或合同，且出品单位数量与出品人数量相符。

9．完成台本电子文档。

10．交回《中外合作摄制电影片许可证》。

11．同意更改影片片名的批复复印件。

12．经办人领取龙标的授权书（须加盖第一出品单位公章）。

附件 4

国产影片送审说明

一、送审程序

非中央和国家机关所属电影制片单位摄制的一般题材国产影片，由省级广电部门审查，持省级广电部门颁发的《影片审查决定书》和其他资料送国家新闻出版广电总局，办理领取龙标的相关手续。

二、领取龙标需提交的材料

1．HDCAM（或混录双片、BETA 带）一套和影片 DVD 一套。

2．省级广电部门出具的《影片审查决定书》（须加盖省级电影审查机构或省级广电部门公章）。

3．省级广电部门出具的《影片审查意见表》（需领导签字、加盖省级电影审查机构或省级广电部门公章）。

4．《国产影片审查报批表》一式三份并附电子文档（须加盖第一出品单位公章、省级电影审查机构或省级广电部门公章）。

5．《主要创作人员登记表》一份并附电子文档。

6．同意更改影片片名的批复。

7．同意增加或变更出品单位、摄制单位的批复及合同（出品单位数量与出品人数量须相符）。

8．影片英文片名批复。

9．完成台本的电子文档。

10．交回《摄制电影许可证（单片）》或《电影剧本（梗概）备案回执单》。

11．经办人领取龙标的授权书（须加盖第一出品单位公章）。

附件 5

领取《电影片公映许可证》说明

一、送审程序

影片（含重大革命和历史题材、重大文献纪录影片、中外合作摄制电影片等）领取龙标后，将龙标置于片头，按照审查通过的版本制作完成版，持下列材料到国家新闻出版广电总局电影局领取《电影片公映许可证》。

二、领取《公映许可证》需提交的材料

1．数字母版一套（D5、HDSR 或数字硬盘）或标准拷贝一套（龙标置于片头、每份带子与包装盒的正面、侧面均须贴有片名及出品方的标签，下同）。

2．如送缴完成片仅为标准拷贝，则需中国电影资料馆出具的接收回执。

3．影片 DVD 三套。

4．HDCAM 或 Beta 带一盘。

5．DVD 宣传片一套（长度为 10—15 分钟）。

6．终混声音素材一套。

7．国际乐效一套。

8．数字母版须提交《电影片数字母版制作送审单》；标准拷贝须提交洗印加工单位出具的《送审标准拷贝技术鉴定书》。

9．影片如有修改，送交最终完成台本的电子文档。

10．相关剧照或海报（附光盘）。

11．增加联合出品、联合摄制单位的合同一份。

12．经办人领取《电影片公映许可证》（纸质）的授权书（须加盖第一出品单位公章）。

规章、规范性文件

·电影发行放映、进出口·

外商投资电影院暂行规定

2003 年 11 月 25 日国家广播电影电视总局、商务部、文化部令第 21 号公布 根据 2015 年 8 月 28 日国家新闻出版广电总局令第 3 号《关于修订部分规章和规范性文件的决定》修订

第一条 为适应改革开放的需要，吸收境外资金、引进先进技术和设备，促进我国电影业的繁荣发展，根据《中华人民共和国中外合资经营企业法》、《中华人民共和国中外合作经营企业法》、《电影管理条例》等有关法律、法规，制定本规定。

第二条 本规定适用于外国的公司、企业和其他经济组织或个人（以下简称合营外方）按照平等互利的原则，经中国政府批准，同中国境内的公司、企业（以下简称合营中方）设立中外合资、合作企业，新建、改造电影院，从事电影放映业务。

第三条 外商不得设立独资电影院，不得组建电影院线公司。

第四条 外商投资电影院应当符合以下条件：

（一）符合当地文化设施的布局与规划；

（二）有固定的营业（放映）场所；

（三）中外合资电影院，合营中方在注册资本中的投资比例不得低于 51%；对全国试点城市：北京、上海、广州、成都、西安、武汉、南京市中外合资电影院，合营外方在注册资本中的投资比例最高不得超过 75%；

（四）合资、合作期限不超过 30 年；

（五）符合中国有关法律、法规及有关规定。

第五条 合营中方若以国有资产（现金投资除外）参与投资，应按国有资产管理的有关规定履行相关手续。

第六条 设立外商投资电影院依下列程序报批：

（一）合营中方须向所在地省级商务行政部门提出申请，提交以下材料：

1．设立外商投资电影院项目申请书；

2．合营中方的法人资格证明材料、影院土地使用权的有关材料；

3．合营外方的资格证明材料；

4．工商行政部门出具的外商投资电影院名称预核准通知书；

5．可行性研究报告、合同、章程；

6．法律、法规和审批机构要求提供的其他材料。

（二）所在地省级商务行政部门在征得省级电影行政部门同意后，依照国家有关外商投资的法律、法规进行审批，报商务部、国家广播电影电视总局、文化部备案。对批准设立的外商投资企业颁发《外商投资企业批准证书》。

（三）获批准设立的外商投资电影院，应自收到《外商投资企业批准证书》之日起一个月内，持《外商投资企业批准证书》到省级工商行政部门办理注册登记手续。

（四）外商投资电影院完成建设、改造任务后，经有关部门验收合格，持《外商投资企业批准证书》、《营业执照》向省级电影行政部门申领《电影放映经营许可证》，方可从事电影放映业务。

第七条 已设立的外商投资电影院变更股权及投资额时，应按本规定第六条的程序办理。

第八条 外商投资电影院必须遵守国家有关法律、法规，依照《电影管理条例》从事经营活动，接受中国政府有关部门的监督和管理，放映的影片必须持有国家广播电影电视总局颁发的《电影片公映许可证》，不准放映走私、盗版电影，不得从事营业性的录像、VCD、DVD 的放映。

第九条 外商投资电影院附属从事其他娱乐服务业务要符合国家有关规定。

第十条 香港特别行政区、澳门特别行政区和台湾地区的投资者在内地设立从事电影放映业务的企业参照本规定办理。

第十一条 本规定及其附件自 2004 年 1 月 1 日起施行。本规定及附件施行之日，2000 年 10 月 25 日国家广播电影电视总局、对外贸易经济合作部和文化部发布的《外商投资电影院暂行规定》同时废止。

附件

为了促进香港、澳门与内地建立更紧密经贸关系，鼓励香港、澳门服务提供者在内地设立从事电影放映业务的企业，根据国务院批准的《内地与香港关于建立更紧密经贸关系的安排》和《内地与澳门关于建立更紧密经贸关系的安排》，现对《外商投资电影院暂行规定》中有关香港和澳门服务提供者投资电影院问题作出如下特别规定：

一、自 2004 年 1 月 1 日起，允许香港、澳门服务提供者在内地以合资、合作的形式建设、改造及经营电影院。允许香港、澳门服务提供者拥有多数股权，但不得超过 75%。

二、香港、澳门服务提供者在内地投资电影院的其他规定，仍按《外商投资电影院暂行规定》执行。

《外商投资电影院暂行规定》的补充规定

2005 年 4 月 8 日国家广播电影电视总局、商务部、文化部令第 49 号公布

为了促进香港、澳门与内地建立更紧密经贸关系，鼓励香港、澳门服务提供者在内地设立从事电影放映业务的企业，根据国务院批准的《〈内地与香港关于建立更紧密经贸关系的安排〉补充协议》及《〈内地与澳门关于建立更紧密经贸关系的安排〉补充协议》，现就《外商投资电影院暂行规定》（国家广播电影电视总局、商务部、文化部令第 21 号）及附件中的有关香港和澳门服务提供者投资电影院问题作出如下补充规定：

一、自 2005 年 1 月 1 日起，允许香港、澳门服务提供者在内地以合资、合作或独资的形式建设、改造及经营电影院。

二、本规定中的香港服务提供者和澳门服务提供者应分别符合《内地与香港关于建立更紧密经贸关系的安排》及《内地与澳门关于建立更紧密经贸关系的安排》中关于“服务提供者”定义及相关规定的要求。

三、香港、澳门服务提供者在内地投资电影院的其他规定，仍按照《外商投资电影院暂行规定》执行。

四、本规定自 2005 年 5 月 8 日起施行。

《外商投资电影院暂行规定》补充规定二

2006年1月18日国家广播电影电视总局、商务部、文化部令第5号公布

为了促进香港、澳门与内地建立更紧密经贸关系，鼓励香港、澳门服务提供者在内地设立的独资公司，在多个地点新建或改建多间电影院，经营电影放映业务，根据国务院批准的《〈内地与香港关于建立更紧密经贸关系的安排〉补充协议二》和《〈内地与澳门关于建立更紧密经贸关系的安排〉补充协议二》，现对《外商投资电影院暂行规定》（国家广播电影电视总局、商务部、文化部令第21号）做如下补充规定：

一、自2006年1月1日起，允许香港、澳门服务提供者在内地设立的独资公司，在多个地点新建或改建多间电影院，经营电影放映业务。

二、本规定中的香港服务提供者和澳门服务提供者应分别符合《内地与香港关于建立更紧密经贸关系的安排》和《内地与澳门关于建立更紧密经贸关系的安排》中关于“服务提供者”定义及相关规定的要求。

三、香港、澳门服务提供者在内地投资电影院的其他规定，仍按照《外商投资电影院暂行规定》及《〈外商投资电影院暂行规定〉的补充规定》（国家广播电影电视总局、商务部、文化部令第49号）执行。

四、本补充规定自2006年2月20日起施行。

点播影院、点播院线管理规定

2018 年 3 月 6 日国家新闻出版广电总局令第 14 号公布

第一章　总　则

第一条　为促进电影产业健康繁荣发展，弘扬社会主义核心价值观，规范电影产业新业态，丰富人民群众精神文化生活，根据《中华人民共和国电影产业促进法》和《电影管理条例》，制定本规定。

第二条　从事点播影院、点播院线电影放映、发行活动，适用本规定。

本规定所称点播影院，是指在电影院和流动放映活动场所之外，为观众观看自选影片提供放映服务经营活动的文化娱乐场所。

本规定所称点播院线，是指由一定数量的点播影院组成，拥有一定数量影片的发行权，并对所辖点播影院的电影放映活动提供影片、实施运营管理的发行企业。

第三条　从事点播影院、点播院线电影放映、发行活动，应当遵守宪法和有关法律、法规，坚持为人民服务、为社会主义服务，坚持社会效益优先，实现社会效益与经济效益相统一。

第四条　国务院电影主管部门负责全国点播影院、点播院线电影放映、发行活动的监督管理工作。

县级以上地方人民政府电影主管部门负责本行政区域内点播影院、点播院线电影放映、发行活动的监督管理工作。

第二章　业务许可

第五条　企业、个体工商户设立点播影院，应当向所在地县级人民政府电影主管部门提出申请，并应当符合以下条件：

（一）放映设备、放映质量和计费系统符合国务院电影主管部门规定的技术规范；

（二）所设单个影厅的银幕宽度不超过6米，观众有效座位数不超过20个；

（三）有拟加入的点播院线或者处于筹建期的点播院线；

（四）法定代表人或者主要负责人未处于电影从业禁止期间。

第六条　企业设立省内点播院线，应当向所在地省、自治区、直辖市人民政府电影主管部门提出申请；设立跨省点播院线，应当向国务院电影主管部门提出申请；并应当符合以下条件：

（一）有与其业务相适应的影片来源；

（二）计费系统符合国务院电影主管部门规定的技术规范；

（三）法定代表人或者主要负责人未处于电影从业禁止期间；

（四）省内点播院线所辖点播影院数量不少于30家，跨省点播院线所辖点播影院数量不少于60家。

只符合前款第一项至第三项条件的，由有关电影主管部门发给有效期为3个月的同意筹建证明文件。筹建期间内达到前款第四项条件的，方可向有关电影主管部门申请颁发许可证件。

第七条　电影主管部门应当依照《中华人民共和国电影产业促进法》第二十五条的规定，对符合条件的点播影院，颁发电影放映经营许可证；对符合条件的点播院线，颁发电影发行经营许可证。

第八条 点播影院变更其所加入的点播院线或者处于筹建期的点播院线的，应当向原发证机关重新申请核发电影放映经营许可证。

第九条 点播影院的电影放映经营许可证和点播院线的电影发行经营许可证的有效期为2年。

第三章 经营规范

第十条 国务院电影主管部门建立全国点播影院经营管理信息系统和影片著作权授权信息公示查询系统。

第十一条 县级人民政府电影主管部门应当自颁发电影放映经营许可证之日起10日内，向省、自治区、直辖市人民政府电影主管部门报送相关审批材料。

点播影院应当自经许可设立之日起10日内，将许可的相关信息报送所加入的点播院线。

第十二条 点播院线负责在全国点播影院经营管理信息系统上办理注册登记，申请点播影院编码。

省、自治区、直辖市人民政府电影主管部门应当自收到相关材料之日起10日内，依据所报材料对全国点播影院经营管理信息系统所载点播影院相关信息进行核对。核对无误的，依点播院线申请向其发放所辖点播影院编码。

第十三条 省、自治区、直辖市人民政府以上电影主管部门应当自颁发电影发行经营许可证之日起10日内，在全国点播影院经营管理信息系统上办理注册登记，并向点播院线发放点播院线编码。

第十四条 点播影院编码、点播院线编码是电影主管部门对点播影院、点播院线实施管理的唯一数字标识。

第十五条 点播院线负责向所辖点播影院提供影片。

点播影院不得放映所加入的点播院线发行范围之外的影片。

第十六条 点播影院放映和点播院线发行的影片，应当依法获得电影公映许可。

第十七条 点播院线发行的影片，应当依法取得著作权人许可其在点播影院放映的授权。

点播院线应当及时将影片著作权授权状况上传至影片著作权授权信息公示查询系统。

第十八条 电影著作权人对其作品由电影院进入点播影院放映的期间有限定的，点播院线在限定期间不得发行。

第十九条 点播影院应当合理安排由境内法人、其他组织所摄制电影的放映场次和时段，并且放映的时长不得低于年放映电影时长总和的2/3。

第二十条 点播影院不得在同一影厅内开展电影院的电影放映活动。

第二十一条 点播影院应当遵守治安、消防、公共场所卫生等法律、法规规定，维护放映场所的公共秩序和环境卫生，保障观众的安全与健康。

第二十二条 点播影院、点播院线应当加强计费系统和放映系统设备的日常维护，确保电影放映质量。

第二十三条 点播院线负责对所辖点播影院的制度建设、放映内容和质量管理、技术系统建设和运行维护、数据报送、人员培训等运营活动实施管理。

第二十四条 点播影院应当按照所加入点播院线的要求，按时报送相关经营数据。

点播院线应当按照国务院电影主管部门的要求，将所辖点播影院的经营数据上传至全国点播影院经营管理信息系统，纳入电影销售收入统计。

第四章　监督管理

第二十五条　电影主管部门应当加强对点播影院、点播院线的日常监督管理。

电影主管部门的工作人员依法履行监督检查职责时，点播影院、点播院线应当予以配合并提供必要的技术支持，不得拒绝、阻扰。

第二十六条　电影主管部门应当记录监督检查情况和处理结果，并定期向社会公布有关执法情况。

第二十七条　任何单位或者个人发现点播影院、点播院线有违反本规定行为的，有权向电影主管部门投诉、举报。

第二十八条　电影主管部门应当分别建立点播影院、点播院线违法行为警示记录档案，并向社会公布；对列入警示记录的点播影院、点播院线，应当加大监督检查力度。

第二十九条　点播影院、点播院线行业协会应当依照章程规定，制定行业自律规范，指导和推动点播影院、点播院线依法规范经营。

第五章　法律责任

第三十条　违反本规定，擅自从事点播影院、点播院线电影放映、发行活动的，依照《中华人民共和国电影产业促进法》第四十七条的规定予以处罚。

伪造、变造、出租、出借、买卖或者以其他形式非法转让有关电影放映、发行许可证件，或者以欺骗、贿赂等不正当手段取得上述许可证件的，依照《中华人民共和国电影产业促进法》第四十八条的规定予以处罚。

第三十一条 违反本规定，放映、发行未获得电影公映许可的电影的，依照《中华人民共和国电影产业促进法》第四十九条的规定予以处罚。

第三十二条 违反本规定，有下列行为之一的，依照《中华人民共和国电影产业促进法》第五十一条的规定予以处罚：

（一）制造虚假交易、虚报瞒报销售收入，扰乱电影市场秩序的；

（二）在电影开始放映之后至放映结束前放映广告的。

第三十三条 违反本规定，有下列行为之一的，由县级以上人民政府电影主管部门责令限期改正，给予警告，可以并处3万元以下的罚款：

（一）未按时办理点播影院编码、点播院线编码登记的；

（二）点播影院放映所加入点播院线发行范围之外的影片的；

（三）点播院线未按时报送经营数据的；

（四）点播影院在同一影厅内开展电影院的电影放映活动的；

（五）点播院线未有效履行运营管理职责，致使所辖点播影院出现违法行为的；

（六）点播影院、点播院线未按照点播影院技术规范的要求选用计费系统和放映系统设备，放映质量不达标的。

第三十四条 点播影院、点播院线违反著作权法律法规的，由著作权行政管理部门依法予以处罚；情节严重的，由原发证机关吊销许可证。

第六章　附　则

第三十五条　本规定未尽事宜，适用《中华人民共和国电影产业促进法》和《电影管理条例》的有关规定。

第三十六条　境外资本从事点播影院、点播院线电影放映、发行活动的，参照国家有关电影院、电影院线外资准入的规定执行。

第三十七条　公益性点播影院、点播院线的业务许可、经营规范和监督管理参照本规定执行。

第三十八条　本规定自 2018 年 3 月 30 日起施行。

关于继续做好部队影片供应发行工作的通知

广播电影电视部　解放军总政治部

1993年5月31日　广发影字〔1993〕335号

各省、自治区、直辖市及广州、重庆市文化厅（局），上海市电影局，各电影制片厂，各军区、各军兵种、各总部、国防科工委、军事科学院、国防大学政治部，广播影视部有关单位：

从一九九三年起，我国电影行业机制将进行改革，以适应社会主义市场经济体制，繁荣我国的电影事业。部队的电影工作是部队政治工作的组成部分，对活跃官兵文化生活、进行形象化的思想教育起着重要作用。要继续贯彻为部队服务的原则，适应国家电影行业机制改革的新形势，努力保障广大官兵看电影的需求，不断丰富和改善部队的文化生活。

一、军队是执行特殊任务、高度集中统一的武装集团，因此，电影行业机制改革后，军队仍继续保留内部的影片发行渠道，实行非商业性的计划供应。其供应政策和办法在全军范围内保持统一。

二、在当前情况下，由总政治部文化部向各电影制片厂和中国电影发行放映输出输入公司（以下简称中影公司）统一购买军队内部的影片发行权。根据物价上涨和影片摄制成本提高的具体情况，可适当上调影片内部发行权费。为体现按质论价的精神，可根据部队购买拷贝数量确定甲、乙、丙三种发行权费。一般按甲种5000元，乙种4000元，丙种3000元掌握。进口片一律

3000 元。由于中影公司转变经营机制，实行企业化管理，部队可协商支付给中影公司一定数量的进口影片发行权费用。涉及影片成本的其它费用，如胶片费、素材费等，按电影厂出厂的价格执行。具体供片办法由购销双方商定。

三、各电影制片厂、洗印厂要切实保障部队影片的供应，在提供试映拷贝、订购寄发、影片技术质量等方面给予有效的保证。特别是新片上映时间，要尽量保证同一地区内的军队和地方同期发行放映。

四、部队的电影发行放映单位，要严格执行国家和军队电影工作的有关规定，不准对地方公开售票放映或出租影片。有条件对外开放的礼堂，可申请地方主管部门批准，租用当地电影发行放映公司的影片放映，票房收入分配和业务管理按地方有关规定执行。军队发行放映单位要加强与各电影制片厂和当地电影公司的联系，协调解决问题；地方各有关部门要给予大力支持和帮助，共同做好部队的电影发行工作。

印发《关于改革电影发行放映机制的实施细则》（试行）的通知

国家广播电影电视总局　文化部

2001年12月18日　广发办字〔2001〕1519号

各省、自治区、直辖市广播影视局（厅）、文化厅（局）、各电影制片厂（公司）、各省级电影发行放映公司、北京紫禁城三联影视发行有限公司、北京华夏学子影视文化有限公司、中国电影集团公司、直属电影单位：

为了深入贯彻江总书记“三个代表”的重要思想，贯彻落实《中共中央办公厅、国务院办公厅关于转发〈中央宣传部、国家广电总局、新闻出版总署关于深化新闻出版广播影视业改革的若干意见〉的通知》（中办发〔2001〕17号）中鼓励“实行跨地区经营”、“发展院线发行放映系统”的指导思想和重点要求，贯彻落实国家广电总局、文化部《关于进一步深化电影业改革的若干意见》（广发影字〔2000〕320号）中“积极推行院线制，促进跨地区经营”的具体部署，国家广电总局、文化部在总结试点经验，反复调查研究的基础上制定了《关于改革电影发行放映机制的实施细则》（试行）。

党的十五大以来，我国电影业为适应社会主义市场经济体制的要求，进行了一系列卓有成效的改革，取得了许多成功的经验，为了进一步扩大试点，加快改革，2001年3月全国电影工作会议之后，国家广电总局电影局即组织专门人员开始调研起草《实施细则》，在起草过程中，先后征求了部分省市电影行政管理部门、中国电影制片人协会、中国电影发行放映协会、中国城市影院发展协会、中国电影导演协会的意见，反复论证、数易其稿，提出了具体的实施意见。为了积极主动地适应中国加入世贸组织和对外开放的进一步扩大，电影全行业迫切需要进一步解放思想，与时俱进，抓住机遇，深化改革，加快发展。现将《关于改革电影发行放映机制的实施细则》（试行）印发给你们，请结合实行，认真贯彻执行。

关于改革电影发行放映机制的实施细则（试行）

根据《中共中央办公厅、国务院办公厅关于转发〈中央宣传部、国家广电总局、新闻出版总署关于深化新闻出版广播影视业改革的若干意见〉的通知》（中办发〔2001〕17 号），就改革电影发行放映机制，制定以下实施细则：

一、改革电影发行放映机制的主要目的是建立有利于优秀国产影片发行放映、占领市场的有效机制，减少发行层次，增加发行渠道，促进影片流通，合理分配制片发行放映利益。改革要坚持既提高微观运行的竞争力，又确保增强宏观管理控制力的原则，充分发挥国有电影发行放映主渠道的骨干作用，增强对市场的影响力、辐射力。

二、继续坚持进口影片“统一进口，以进带出”，“以我为主，为我所用”的原则。以考核国产影片发行、放映为前提，调整进口影片的供片机制，实行影片进口与发行分离。组建中影集团影片进出口公司，受委托承担对外国及港澳台影片的统一进口，同时履行选片、初审、送审、合同洽谈、报关缴税、支付结算、影片供应、票房统计及市场监管等部分管理职能。从每部进口分账影片总票房收入中提取适当费用，用于扶持农村电影、儿童电影和科教电影的发展以及进出口影片的运营成本和管理费用。

三、拓展国有主渠道，建立两家进口影片发行公司。保留中影集团原进口影片发行公司，再组建一个进口影片股份制发行公司。新组建的进口影片股份制发行公司，由电影系统内国有资本控股，可以吸收非国有资本参股。中影集团原进口影片发行公司要尽快建立现代企业制度。两家进口影片发行公司第一年分别发行各自通过分配与竞价相结合获得的进口影片（原则上各50%），以后每年发行进口影片的节目数量取决于上一年度发行放映国产影片尤其是推荐国产影片的发行业绩。要认真贯彻执行进口影片与国产影片按比例发行的规定，积极支持国产影片的生产发行和放映。

四、实行以院线为主的发行放映机制，减少发行层次，改变按行政区域计划供片模式，变单一的多层次发行为以院线为主的一级发行，发行公司和制片单位直接向院线公司供片；有条件的地区，要尽快组建两条或两条以上的院线；鼓励有实力的院线跨省经营。凡是在 2002 年 6 月 1 日之前没有形成院线的地方，将停止向其供应进口分账影片（经批准的地区除外）。2002 年 10 月 1 日之前，北京、上海、江苏、浙江、湖北、湖南、广东、四川要率先组建两条院线，否则将停止向其供应进口分账影片。院线所属影院的改建，可优先享受影院改建贷款贴息的优惠政策。

五、以资本或供片为纽带，加快结构调整，推进院线组建。由一个发行主体和若干影院组合形成院线，实行统一品牌、统一排片、统一经营、统一管理。

组建院线必须符合以下条件和要求：（1）10家以上以资本或供片为纽带的专业影剧院，其中实行计算机售票的影院不少于8家或者年度票房不低于800万且电影专项资金如实上缴，可以发起组建一条省内院线，由省级电影行政主管部门审批，报国家广电总局电影局备案。（2）15家以上以资本或供片为纽带且影剧院分布在不同省级区域的专业影剧院，其中计算机售票不少于10家或者年度票房不低于1000万且电影专项资金如实上缴，可以发起组建一条跨省院线，协商跨区域省级电影行政主管部门后，报送国家广电总局审批，并向有关省级电影行政主管部门抄送批件。（3）一个省的院线组建最多不超过三条。以签约形式组合的院线，签约期不少于3年（含3年）。一个影院只能加入一家院线。签约期满后，可以重新进行选择。

参加院线的各单位，要依法清理原有的债权债务。参加跨省院线的影剧院，仍依法接受属地管理。其专项资金应如实向所在省（自治区、直辖市）电影专项资金管委会办公室上缴。

六、鼓励跨区域影院间的合作经营。各省内区域性院线和跨省院线都可以平等地同影片著作权人或发行权拥有者交易影片，而不受行政区域市场的限制。各院线不得限制影片著作权人或发行权拥有者同其他院线交易影片。院线和影片著作权人或发行权拥有者之间拥有相互的选择权。院线购买的影片（不含单拷贝），其发行放映权只是本院线的发行放映权，而不是本区域或其他院线的发行放映权。继续实施单拷贝销售政策，允许影院自主购买影片单拷贝。

七、关于院线组建和影院改建的融资政策。省内院线在国有资本控股的前提下，可以吸收非国有资本参股，需经省级电影行政主管部门批准。跨省院线在国有资本控股的前提下，可以吸收非国有资本参股，需经国家广电总局电影局批准。影院改建可以吸收非国有资本和境外资本参股，但须由中方控股或控制经营主导权。境外资本投资改建电影院，按照国家广电总局、对外贸易经济合作部、文化部《外商投资电影院暂行规定》执行。

八、加快城市影院改建步伐，实施影院星级管理。参加票房分账的影院都要安装计算机售票系统，各院线的计算机售票系统要各自联网，终端应与国家广电总局电影局计算机售票管理系统相连。

九、加强对国产影片发行放映的考核。对两家进口影片发行公司进行国产影片发行放映年度考核。两家进口影片发行公司每年至少各自发行 20 部国产影片（包括 12 部推荐国产影片），发行国产影片全国票房至少要在 5000 万元以上。两家公司下一年度进口分账影片的发行节目数量，将根据上一年度的考核结果确定。对其他发行公司和院线继续实行推荐国产影片考核制度，具体办法仍按国家广电总局电影局电字（2000）第 404 号文执行。

十、各级电影行政主管部门要切实加强对改革的领导，积极主动地研究改革措施，制定改革的实施方案。加强对院线组建工作的监督、指导。加强对电影市场的管理，抓好电脑售票与联网，规范电影经营行为，加大执法督察力度，严厉打击电影走私盗版、偷漏瞒报等违法经营活动。改革要统筹兼顾，协调配套，切实处理好改革、发展、稳定的关系。

西部和少数民族地区的发行放映机制改革，不搞一刀切。条件成熟的，应参照上述改革措施执行。条件不成熟的，经批准，可以暂缓执行。

以上细则，要在实践的过程中，不断加以完善。

关于成立电影院线报批程序的通知

国家广播电影电视总局　2002年3月5日　广影字〔2002〕第69号

各电影制片、发行放映单位：

根据《关于改革电影发行放映机制的实施细则（试行）的通知》（广发办字〔2001〕1519号）精神，现将成立电影院线报批程序通知如下：

一、成立院线要符合广发办字〔2001〕1519号文件《实施细则》第四条、第五条的规定。

二、组建跨省院线由国家广电总局审批，抄报省级电影行政主管部门；审批同意的，国家广电总局电影局通知进口影片发行公司供应进口分账影片。组建省内院线由省级电影行政主管部门审批，报国家广电总局电影局备案；国家广电总局电影局接到文件7个工作日内对专项资金上缴情况等予以核审，无疑义后，回复当地省级电影行政主管部门并通知进口影片发行公司供应进口分账影片。

三、申请单位需向批准部门提交以下材料：

1．申请单位成立院线的报告。

2．申报跨省级院线要有协商本省、跨区域省级电影行政主管部门意见。

3．当地工商管理部门预核准院线的名称。

4．以资产联结组建的院线要出示资产证明；以签约形式组建的院线要有签约协议。

5．加入院线的单位要提供资产证明、债权债务说明、工商登记复印件、近三年票房收入、银幕数，院线中装配电脑售票及缴纳专项资金的情况。

四、2002 年 10 月 1 日前，北京、上海、江苏、浙江、湖北、湖南、广东、四川要率先组建两条院线。为鼓励第二条院线的设立，影院与院线此前可签短期协约；10 月 1 日后参加院线的影院均要与院线签定不少于三年（含三年）的协约。

五、院线内的成员不得无故解约，解约要按本通知第二条的规定报批和备案。

六、国家广电总局电影局自各院线成立之日起即开始对推荐国产影片进行考核。2002 年对批准建立的院线将全额供应进口分账影片。2003 年起将根据院线前一年发行推荐国产影片的考核成绩，确定进口分账影片节目数量。各单位在申报成立院线的同时应将负责考核的部门及负责人一并申报。

七、西部和少数民族地区组建院线不搞“一刀切”，条件不成熟的应在 5 月 10 日以前报经国家广电总局，经批准，可以暂缓执行。

八、由于放映进口分账影片单位需提前 20 天左右的时间与进口片发行公司签署有关协议及其他的准备工作，故需 6 月份上映进口分账影片的单位，应在 5 月 10 日前完成组建报批工作。

组建院线申报及备案材料报送：

单位：国家广电总局电影局（规划处）

地址：北京市复兴门外大街 2 号

邮编：100866

电话：（010）86090451

传真：（010）86090429　86090452

特此通知。

关于进口分账影片拷贝供应的办法（试行）

国家广播电影电视总局　2002年7月17日　广影字〔2002〕第334号

各院线公司、中国电影集团公司、内蒙古、宁夏、新疆、西藏、青海、贵州、云南电影公司：

为进一步贯彻落实《关于改革电影发行放映机制的实施细则》（广发办字〔2001〕1519号），改变按行政区域计划供片模式，严格按院线发行进口分账影片（经批准的地区除外），以便形成统一开放、公平竞争、规范有序的电影市场格局，现就进口分账影片的拷贝供应，制定以下实施办法：

一、凡经电影局批准的院线公司，同时符合放映进口分账影片五项要求（加入院线、安装计算机售票系统、电影专项资金如实上缴、国产影片考核合格、严格履行同中影集团公司签订的合同），可以获得进口分账影片拷贝，并实行“自主认定、实行考核、统一核算”的原则。具体办法为：

1．各院线公司根据本院线的经营情况，自主申请本院线上映轮次、所需拷贝数量和放映时间（限在中影集团公司公布的档期内）等。

2．境外影片发行公司从实际出发，根据每部进口分账影片不同的市场票房预期值，确定每部进口分账影片统一的、合理的首轮、二轮单拷贝票房考核值，并对各院线单拷贝票房值和总体票房完成情况进行考核。

3．各院线公司所预订的拷贝先由境外影片发行公司垫付拷贝费。放映完成后，若单拷贝票房达到考核值，由境外影片发行公司负担拷贝费：若单拷贝票房未达到考核目标值，由院线公司负担未达到部分的拷贝费。结算余额，在单拷贝票房考核值50%以上80%以下之间，由院线公司负担50%拷贝费；超过单拷贝票房考核值80%以上，由境外影片发行公司负担拷贝费。

二、除承担进口分账影片完成单拷贝票房考核部分的拷贝费外，境外影片发行公司还需承担译制费、素材费、宣传费、单程运费等。

三、院线公司负担拷贝费的拷贝，院线公司只拥有其在本院线上映期内的使用权，影片落片后，也要按合同约定把拷贝及时调回中影集团公司，由中影集团公司在海关及外商共同监管下按规定销毁。

四、影片上映期间，境外影片发行公司与院线公司都必须严格遵守有关法律法规，严格履行双方签定的合同，规范操作，承担违约责任。

五、每部进口分账影片单拷贝票房考核值、对各院线公司提供拷贝情况及考核情况，由境外影片发行公司即时向电影局备案。

六、暂缓组建院线的地区可按本办法执行，也可按原有方式发行。

本办法自2002年7月1日开始试行，试行过程中遇到新问题，请及时反馈我局。

关于加强影院及院线计算机售票管理的通知

国家广播电影电视总局　2003年7月17日　广影字〔2003〕第415号

各省、自治区、直辖市文化厅（局），上海市文广局、海南省文体厅，甘肃、西藏、宁夏省（区）广电局，广州市文化局：

为了加强计算机售票影院、院线公司、省级电影主管部门及其他数据终端的联网管理，使安装计算机售票系统的影院诚实守信、依法经营，促进电影院线进一步巩固和发展，针对目前影院、院线计算机售票、联网工作情况，特通知如下：

一、院线所属影院安装计算机售票系统，具备进口分账影片放映条件。经批准暂缓组建院线的省、区，2003年11月1日前要完成计算机售票系统的安装和启用，2004年1月1日起正式使用，不安装计算机售票系统的影院不再具有首轮进口分账影片放映资格。

二、影院申请安装计算机售票系统，向当地省级电影主管部门申报。省级电影主管部门确定其编码（包括全国统一编码及上报编码），并报电影局备案。使用能与电影局的计算机售票管理系统软件联网的系统。

三、安装计算机售票的影院必须使用计算机售票，使用由省级电影主管部门统一编码印制（或监制）的专用电影票纸。影院无权印制专用或代用的各类电影票。各类兑换券、电影卡、通票、团体票等必须换成计算机票方能进场观影。

四、院线公司应在计算机售票影院挂牌明示或张贴公约，主动提请公众对影院计算机售票进行监督。各级电影主管部门应在当地设立举报中心和举报电话并制定奖罚办法向社会公布。

五、计算机售票影院、院线统一使用电影局规定的影片编码。各影院、院线登录广电总局政府网站的“行业管理”页面，通过“影片编码下载”栏目下载影片编码。

六、计算机售票影院必须每日向院线公司、省级电影主管部门及电影局等数据终端上传全部票房数据。

七、院线公司每日要将院线所属计算机售票影院的全部数据以及非计算机售票影院的相关数据（包括放映影片、票房、票价、场次、人次等）一并输入院线终端并向电影局上传，确保院线公司票房信息的完整性和真实性。

八、院线公司要采取有效措施加强对所属计算机售票影院每日上报数据的监测工作，充分发挥院线公司数据统计终端的作用。

九、各省级电影主管部门按照属地管理原则，对辖区内所有影院依法进行管理。要充分利用省级电影主管部门安装的影院计算机数据接收终端，对辖区内院线及影院进行监测和联网管理，确保计算机售票统计数据的真实、完整，并依此做好专项资金的收缴。

十、建立故障报告制度。影院售票系统出现故障无法正常售票，应立即向院线公司和省级电影主管部门报告，启用由省级电影主管部门统一编码印制或监制的备用票，同时向省（或院线）内维修机构提出修理要求。省级电影主管部门在接到影院故障报告后应立即向电影局备案。故障排除后，影院应向院线公司和省级电影主管部门报告故障解除，同时备用票售出情况要补充输入计算机售票系统并及时上报相关数据终端，省级电影主管部门向电影局报告撤销备案。

十一、全国影院计算机售票系统的技术支持与维修服务，火烈鸟售票系统由中国电影科研所负责、满天星售票系统由北京华夏满天星城市网络售票公司负责；各省（或院线）应严格依照与各软、硬件供应商签定的维修服务合同，做好本省（或院线）范围内计算机售票的维护、服务工作；各影院、院线应保证严格按要求规范操作；对于影院、院线数据终端的异常情况，要查清原因，严格按双方在维修合同中的约定明确责任。

计算机系统出现故障，因影院（含院线）违反操作规定，造成售票系统不能正常使用的，责任由影院（含院线）承担；因维修不及时、服务不到位造成售票系统不能正常使用的，维修服务方除承担维修责任外，还应承担（影院、院线因此被处罚的）连带（经济）责任，并按合同中的约定数额予以赔偿。

责任无法分清时，由电影局召集有关专家进行仲裁。

十二、鼓励影院使用计算机售票，对计算机售票工作成绩突出的影院和院线公司将给予奖励（办法另行制定）。

对违规的影院、院线将予以如下处罚（特殊情况，经批准的除外）：

（一）有如下行为者，电影局将对院线公司进行一次不良信誉登记：

1. 院线向没有实行计算机售票影院提供进口分账影片的；

2. 院线连续三天未向电影局终端发送数据，事后又未补报数据的；

3. 院线公司因偷漏瞒报造成数据内容虚假的（包括院线所属非计算机售票影院数据）。

（二）有如下行为者，院线公司应对影院进行一次不良信誉登记：

1. 计算机售票影院未使用计算机售票或使用非计算机票观

影，经群众举报属实的（院线公司对所属影院除按合同约定，收取票价的 5 至 10 倍的违约金外，还应奖励举报人）；

2．影院连续三天未向院线公司、省级电影主管部门及电影局等数据终端发送数据（事后又未补报数据）的；

3．影院因偷漏瞒报造成数据内容虚假的。

（三）不良信誉登记两次的院线，电影局将通知进口分账影片发行机构停供该院线进口分账影片一部，院线违规而影院不违规的，电影局将通知进口分账影片发行机构暂停该院线一部进口分账影片发行权，直接向符合要求的影院发行影片。

（四）不良信誉登记两次的影院，电影局将通知进口分账影片发行机构通过院线停供该影院进口分账影片一部。

（五）屡次违规停供进口分账影片三次以上的院线或影院，视同不使用计算机售票，电影局将通知进口分账影片发行机构连续半年停供其进口分账影片。

（六）屡次违规被停供进口分账影片三次以上的影院，院线公司有权勒令其退出院线，该影院半年内不得加入任何院线。

（七）院线或影院违规确已纠正的，经考核合格后方可恢复供应进口分账影片。

此通知请转发各影院遵照执行。

关于改革进口影片供片机制的暂行办法

国家广播电影电视总局　2003 年 7 月 21 日　广影字〔2003〕第 418 号

中国电影集团公司、中国电影集团公司进出口分公司、中国电影集团公司发行放映分公司、华夏电影发行有限责任公司：

根据中央关于文化体制改革的指导方针，根据国家广电总局、文化部《关于改革电影发行放映机制的实施细则（试行）的通知》精神，为进一步促进国产影片的发行放映，培育竞争有序的电影市场环境，现就改革进口影片供片机制，制定以下暂行办法。

一、关于影片进口的业务授权和管理

根据中央批准和《电影管理条例》规定，国家广电总局授权中影集团进出口分公司（以下简称进出口公司）唯一承担境外影片的进口业务，接受国家广电总局电影局政策指导和宏观调控，进出口公司的主要干部任免须经电影局同意，按干部任免权限审批。涉及影片进口方面的文件，进出口公司可同时报送电影局。

进出口公司引进影片要按照思想艺术水平、技术制作水平较高和市场效益较高的原则，兼顾国别、题材、风格样式，分期分批引进。初选影片时，中影集团发行放映公司和华夏电影发行有限责任公司（以下简称中影和华影）可派主要业务人员参与选片，由进出口公司报国家广电总局电影审查委员会审查。影片审查通过并引进后，在公平、公正、公开的原则下，由进出口公司负责向中影和华影供片。

二、关于进口影片供片原则和机制

进出口公司向中影和华影分批供片，可以采取协商选择、抽签选择、竞价选择以及国产片业绩考核等方式进行，其结果向电影局备案。具体办法为：

1．每年根据市场需要由中影和华影共同发行1—3部进口分账影片。

2．非共同发行的进口分账影片每一批由双方协商选择，或者由进出口公司提供质量相对均衡的偶数量影片，由两家公司进行抽签确定第一部影片的优先选择权。如A公司获得优先选择权，即可选择第一部影片，第二部影片由B公司选择；第三部影片则由B公司首先选择，第四部影片再由A公司选择，以此交替类推。

3．进口买断影片的发行，由进出口公司根据引进成本、固定管理费用等合理确定每部影片的底价，由中影和华影通过协商、抽签或者竞价方式买断影片发行权。

4．获得进口分账影片的发行权后，中影和华影须与进出口公司签订发行合同，每部影片须向进出口公司支付预付款200万元。根据海关规定，中影和华影同国内各院线公司所签订的分账影片发行合同，必须在上映前20日报送进出口公司，以保证按期向海关备案。同时向进出口公司提供发行放映一览表、拷贝洗印数量及分配情况。

5．影片上映期间，中影和华影每月与进出口公司结算片款，以便进出口公司及时支付各种税款及外方所得分成款项；同时须向进出口公司上缴总票房的7%分成收入，用于扶持农村电影、儿童电影和科教电影的发展以及进口影片的运营成本和管理费用。

6．影片上映结束时，中影和华影须立即向进出口公司通报应缴税款项，提供结算报表。在影片全部上映结束后15天内与进出口公司结清全部片款余额，并向进出口公司提供会计结算表，以便进出口公司按时向海关申请办理纳税手续。

三、关于进口影片的译制和洗印

进口影片的译制工作由进出口公司统一调配。分账片译制费用由进出口公司承担30%，获得影片发行权的中影或者华影承担70%，并向进出口公司交一个标准拷贝供电影局工作使用，同时向中国电影资料馆上缴一个标准拷贝。洗印工作由获得该片发行权的中影或者华影负责安排。进口分账影片拷贝要同时具有DTS和SRD两种制式。共同发行影片的洗印工作由中影和华影协商或抽签解决。

四、关于进口影片放映的监管

进出口公司在影片放映期间负责对影院放映情况进行监管。如发生拖欠片款或偷漏瞒报等严重违约行为，进出口公司将依法追究其违约责任，并有权如实向主管部门反映问题。

五、本《暂行办法》自2003年8月开始试行。2004年根据考核业绩和市场份额调剂两家公司获得分账影片数量，考核办法详见《关于发行放映国产影片的年度考核办法》。

六、本《暂行办法》将在实施中不断完善，解释权归国家广电总局。

关于进一步推进电影院线公司机制改革的意见

国家广播电影电视总局 2003年11月21日 广影字〔2003〕第576号

为贯彻落实党的十六大精神和中央关于深化文化体制改革的要求，根据《关于改革电影发行放映机制的实施细则（试行）的通知》（广发办字〔2001〕1519号）和《关于成立电影院线报批程序的通知》（广影字〔2002〕第69号），全国共组建了35条电影院线公司（15条为跨省电影院线公司）。院线的建立，对打破地域垄断，减少发行层次，促进影片流通，形成竞争开放的市场格局起到了积极作用。但由于组建电影院线公司尚在起步阶段，还缺少运行管理经验，还存在着数量多规模小，跨省延伸不长，实力不强，省内单条院线仍有地域垄断的状况；电影院线公司之间还缺乏公平有序的竞争，融资、重组、整合、并购等资本运营手段尚待启动，电影产业化经营意识还有待提高，与广大群众对电影的需求还有差距。针对上述情况需进一步推进电影院线公司的机制改革。

一、扩大规模，加强电影院线公司整合

（一）为将电影院线公司做强做大，允许电影院线公司以股份制形式强强联合，或从经营实际出发进行机构重组，使若干个电影院线公司以契约形式或资产联结形式进行整合。为了有利于形成统一开放、竞争有序的市场格局，不允许按行政区域整体兼并电影院线公司，鼓励以跨省电影院线公司为基础促进条条整合，形成规模效益，力争达到“统一品牌、统一供片、统一经营、统一管理”的有效经营模式。

（二）在电影院线公司整合中，由于电影院线公司主体发生了变化，电影院线公司所属影院在与本院线清理债权债务后有重新选择其他电影院线公司的权利。

（三）电影院线公司与影院经协商同意可解除现已签订的三年合同。电影院线公司与影院再签约，签约时间以双方合同约定为准，原则上签约时间不低于两年。

（四）鼓励电影院线公司与影院以资产形式联结。

（五）电影院线公司整合报国家广电总局电影局审批，报省级电影行政主管部门备案。

二、拓宽融资渠道，扩大电影院线公司投入

鼓励境内国有、非国有影视文化单位（外资除外）以参股、控股形式投资现有电影院线公司或单独组建电影院线公司。

（一）以参股（股份在 49% 以下）形式投资现有电影院线公司的，参股单位必须在三年内投资不少于 3000 万元人民币用于本电影院线公司中电影院的新建、改造；以控股形式投资现有电影院线公司的，控股单位必须在三年内投资不少于 4000 万元人民币用于本电影院线公司中电影院的新建、改造。

（二）单独组建省内或全国电影院线公司的，组建单位必须在三年内投资不少于 5000 万元人民币用于本电影院线公司中电影院的新建、改造。

（三）组建电影院线公司应当按照广电总局关于成立电影院线公司的规定办理相关手续。组建省内电影院线公司的，由所在地省、自治区、直辖市人民政府电影行政部门审批，报广电总局电影局备案；组建跨省电影院线公司的由广电总局电影局审批。

（四）组建电影院线公司条件：

1．10家以上以资本或供片为纽带的影院，可组建一条省内电影院线公司。其中，实行计算机售票的不少于8家，年度票房不低于800万元且电影专项资金如实上缴。

2．15家以上以资本或供片为纽带且分布在不同省级区域的影院，可组建一条跨省电影院线公司。其中，计算机售票不少于10家，年度票房不低于1000万元且电影专项资金如实上缴。

3．组建电影院线公司需提交的材料见《关于成立电影院线报批程序的通知》（广影字〔2002〕第69号）。

（五）境内国有、非国有影视文化单位（外资除外）以参股、控股形式投资现有电影院线公司或单独组建电影院线公司的，需将三年内投资电影院线公司情况每年报送电影主管部门核验，验收合格的可继续经营。省内电影院线公司报省级电影行政主管部门核验，跨省电影院线公司报广电总局电影局核验。

三、加快影院改造，改善观影设施

目前，全国城市影院有3000余座，而新建、改造的不足5%，这些影院数量虽然不多，但票房收入已占全国票房45%。因此，加快影院改造，改善观影设施已成为服务广大观众，优化市场环境，促进电影经济发展，壮大电影产业的迫切需要和重要环节。为鼓励新建、改造影院：

（一）改造的影院，电影专项资金能及时上缴的，经批准可给予贴息贷款。经批准的省市新建的影院，电影专项资金试行先征后返的政策（有关办法另行制定）。

（二）中外合资合作新建、改造影院

1．中外合资合作电影院，除全国试点城市外，合营中方在注册资本中的投资比例不得低于51%；经批准的省市中外合资合作电影院，外方在注册资本中的投资比例最高不得超过75%。香港、澳门特别行政区投资者在内地新建、改造影院，可控股经营，控股比例不得超过注册资本的75%。

2．允许以中外合资合作形式成立影院建设公司新建、改造影院。股权比例参照《外商投资电影院暂行规定》执行。

3．不允许外资独资新建、改造影院，组建电影院线公司。

4．中外合资合作新建、改造影院申报批准程序详见《外商投资电影院暂行规定》。

四、规范影院经营管理，努力提高服务水平

规范影院经营管理有利于电影市场的有序公平竞争，提高影院服务水平，有利于扩大市场份额，增加经济增长点。

（一）新建、改造影院均应在安装计算机售票系统后方可加入电影院线公司。

（二）加强影院星级评定工作，规范影院放映标准和服务标准使影院管理规范化、科学化。

（三）认真执行《关于发行放映国产影片的年度考核办法》，加强年度国产影片发行放映情况的考核，并根据考核结果调整进口影片供片数量。

五、本文件自发布之日起施行。

关于加强特种电影统一进口管理的通知

国家广播电影电视总局　2004年2月10日　广影字〔2004〕第67号

各省、自治区、直辖市广电局（厅）、文化厅（局），中国电影集团公司，中国电影科研所：

近年来我国特种电影（如3D立体电影、IMAX巨幕、球幕、环幕及动感等非常规电影）发展较快，引进的境外特种电影的数量在逐年增加。为规范管理，根据《电影管理条例》的有关规定，决定调整目前进口特种电影的审查、管理等办法。现将有关事项通知如下：

一、按照《电影管理条例》的规定，国家广电总局指定由中国电影集团公司进出口分公司（以下简称进出口公司）独家经营电影进口业务。特种电影的进口也由进出口公司统一办理。今后全国各放映单位凡需进口的特种电影应统一向进出口公司提出送审报告，经进出口公司初审后，按照进口故事片的程序报送国家广电总局电影审查委员会审查。影片审查通过后，颁发《电影片公映许可证》。未经审查通过、未获得《电影片公映许可证》的影片，一律不得进口、发行和放映。

二、凡引进的特种电影，送审单位需向进出口公司交纳一定的管理费用；如果特种电影系IMAX巨幕等故事片，则需向进出口公司上缴总票房的7%分成收入，用于扶持农村电影、儿童电影和科教电影的发展以及进口影片的运营成本和管理费用。

三、此《通知》颁发后，原广电部电影事业管理局《关于委托中国电影科研所代审特种电影影片的通知》（电字（97）第522号）即不再执行，但考虑到中国电影科研所从事特种电影研究与开发多年，具有相关专业人才与经验，可请其委派专家参与审查各类特种电影。

关于加强影片贴片广告管理的通知

国家广播电影电视总局　2004年6月25日　广发影字〔2004〕700号

各省、自治区、直辖市、计划单列市广电局（厅）、文化厅（局），工商行政管理局：

近年来，我国的电影广告有了较快的发展，为扩大产品宣传，树立企业形象发挥了积极作用。但电影广告在发展中也出现了一些问题，如：一些影片贴片广告时间过长，电影放映中间随意插播广告，影响了观众正常观看电影；有的影片贴片广告内容庸俗，格调不高；一些单位不经电影版权方同意随意搭载、删减广告。以上问题损害了消费者和电影版权方的合法权益，干扰了正常的广告经营秩序。为促进电影广告业健康发展，维护广大消费者和电影版权方的合法权益，现就规范影片贴片广告有关问题通知如下：

一、影片贴片广告必须严格执行广告管理的有关规定，内容要真实合法，符合社会主义精神文明建设的要求，不得欺骗和误导消费者。

二、未经工商行政管理机关登记，未取得相应的广告经营资格，不得设计、制作、代理、发布影片贴片广告。

三、未经影片版权方同意，任何单位不得搭载、删减贴片广告。

四、影片贴片广告一律加在《电影片公映许可证》画面之前，不得占用电影放映时间。

五、电影院线公司、发行公司要规范操作贴片广告业务，电影院要对放映的影片贴片广告时间予以公告。

六、切实加强影片贴片广告管理。各级电影行政管理部门对违反本通知规定的，依据电影管理的有关法规予以通报批评，情节严重的停止供片并责令停映整顿。

七、各级工商行政管理机关要加强对影片贴片广告的日常监管，加强对电影广告从业人员的法规培训，对违反广告管理法规规定的行为依法查处，维护正常的电影广告经营秩序。

特此通知。

关于加强计算机售票系统安装、验收、变更管理的通知

国家广播电影电视总局　2005年1月28日　广影字〔2005〕第28号

各省（市）文化厅，甘肃、宁夏、西藏广电局，上海文广局、海南文体厅：

根据《关于改革电影发行放映机制的实施细则（试行）的通知》（广发办字〔1519〕号）及《关于加强影院及院线计算机售票管理的通知》（广影字〔2003〕第415号）的相关精神，为进一步强化省级电影管理部门对影院的属地管理职权，加强对计算机售票影院在安装、变更等方面的管理，透明、规范计算机售票影院建设方面的程序，特发此通知，请予以执行。

一、影院编码

由省级电影主管部门统一管理，凡影院在注册、变更登记过程中涉及影院编码，须由省级电影主管部门按规定予以编制。

二、安装

安装包括影院新装计算机售票管理软件并注册的过程。影院须提交以下材料：

1．影院法人证书复印件

2．放映许可证复印件

3．《影院基本信息注册表》（见附件1）

在填制注册表过程中影厅总数大于12个厅的，可另附表或说明，列清影厅名称及座位数量。

4．《影院名称（简称）核准书》（见附件 2）

由省级电影主管部门或其授权委托的机构填制，包括影院省内统一编码信息、影院名称及在计算机系统内注册的专用简称（名称长度不能超过十五个汉字）的核准意见。

上述材料填制正确、完整后须提交到电影局资金办处理。

电影局处理程序：自收到影院报送的材料，经审核无误后，电影局资金办即将此影院暂时加入系统，等待影院的数据验收。

三、验收

凡影院安装了计算机售票系统后，通过数据验收可获准计算机售票资格。

影院在验收时须向电影局报送经省级电影主管部门同意的验收报告，同时报《计算机售票影院系统验收登记表》（见附件 3），对于未注册过的影院需同时报送《影院基本信息注册表》；同时通过计算机售票系统向电影局数据中心发送测试数据。凡是影院参数发生变化，都应填制相应的报告，经验收合格后方能确定影院计算机售票资格。

电影局资金办自收到影院报送的验收材料后，即将该影院转入验收程序，对其上报数据进行测试，凡在规定的期限内（一周）经数据测试合格的，即视同影院计算机售票系统合格，并将具备计算机售票资格的信息通知有关方面，若连续两个验收周期未通过测试，则将该影院转人（还原为）非计算机售票影院进行管理。

四、变更

变更是指计算机售票影院在参数及状态两方面的变化，这些变化将直接影响系统的使用效果（若变更中涉及影厅变化的，可另附表或说明，列清变化后的影厅名称及座位数量），因此，必须及时作相应的调整。凡涉及变更的，影院需填制《计算机售票影院变更登记表》（见附件4），经省级电影主管部门签章同意后报电影局，电影局在接到申请的一周内即通知有关方面，并进行相应的调整。

变更主要包括变更、过户、注销等行为。

（一）变更

变更指在影院编码不变的前提下，影院名称、厅数、系统类型等方面的变化调整，影院需填制相关登记表，经省级电影主管部门签章同意后报电影局作调整处理。

（二）过户

过户是指将现有系统从一家影院转移至另一家影院的行为，由于被转移的影院，其影院编码、名称、厅数等都会发生变化，被转移的影院按新装程序进行验收，转移的影院假若还继续经营，应按非计算机售票影院进行管理，若灭失或不再经营，则按注销处理。过户须由影院填制相应的申请表，经省级电影主管部门签章同意后报电影局调整处理。

（三）注销

注销是指影院因故不再经营电影放映业务，而由主管部门取消其放映资格的行为。凡注销的计算机售票影院，须填制相应登记表，经省级电影主管部门签章后报电影局，并对计算机售票系统的资产进行相应的处理。

附件：计算机售票影院系统注册、变更、验收表（略）

关于加强对计算机售票影院管理的通知

国家广播电影电视总局　2005年11月21日　〔2005〕影字593号

各省、自治区、直辖市文化厅（局）、广电局（厅），国家电影专项资金各省级管委会：

作为电影现代化管理的重要手段和信息化建设的重要标志，影院计算机售票在电影产业化进程中发挥着重要的作用。但到目前为止，尚有部分省市对该项工作不够重视，部分影院在安装计算机售票系统之后不按要求使用或不上报数据，从而对全国票房统计造成严重影响。为了进一步加强对计算机售票影院的管理，规范计算机售票影院的数据上报工作，现将有关事项通知如下：

一、各省应充分利用省级计算机售票终端，切实将对计算机售票影院及院线的属地管理责任落到实处。

二、各省应设专（兼）职人员监督各影院计算机售票系统日常使用及数据上报的情况，对未按要求使用及上报数据的影院进行记录和催报。

三、各省应建立影院动态报告制度，特别是对影院计算机售票系统安装、院线变更、影院停业、影院注销、系统故障等动态变化，要及时登记并报告。

四、各院线公司应安排专人对所属影院的计算机售票系统使用和数据上报情况进行监督，特别要对计算机售票系统统计的票房与财务结算票房进行核对，确保无误。

五、各省应严格按照《关于加强影院及院线计算机售票管理的通知》（广影字〔2003〕第415号）的要求，在计算机售票系统的日常管理中应做到：

1. 加强对属地影院的编码管理，在影院注册、变更等过程中应严格遵循同一影院编码唯一（不变）的原则；

2. 加强对计算机售票影院的票务管理，各类兑换券、电影卡、通票、团体票必须换成计算机票后方可观影；

3. 加强对影院、院线使用统一影片编码的管理，各影院、院线应登陆广电总局政府网站的“行业管理”页面，通过“影片编码下载”栏目下载标准影片编码；

4. 凡安装计算机售票系统的影院（含院线），除非停业，否则必须通过计算机系统售票，并将每天的票房数据通过网络传递至全国电影计算机票房数据中心等有关机构；

5. 凡计算机售票影院经营正常，但因计算机系统或网络故障造成数据发送不成功的，应于故障排除后通过网络及时将票房数据补充上报。

六、广电总局电影局和电影专项资金管理委员会将组织相关小组，对各省及各院线使用计算机售票的情况进行检查。

七、对于在计算机售票工作中完成得较好的省及院线，我们将通过考核进行奖励（奖励办法另发）。

关于加强院线公司影院计算机售票管理的通知

国家广播电影电视总局　2007 年 4 月 11 日　〔2007〕影字 224 号

各电影院线（公司）：

影院计算机售票，是影院放映信息化管理的基本手段，是影院赖以规范的基本前提，同时也是提高整个电影行业现代化管理水平，规范电影市场，倡导诚信经营的基本举措。虽然目前已有 1200 多家影院安装了计算机售票系统，并且覆盖了全国主要城市，但影院在使用计算机售票、数据上报管理及对影院使用计算机系统的监管等方面还存在一定的不足。为进一步规范影院使用计算机售票，加大院线公司对影院使用计算机售票的管理责任，特作如下通知，请各院线（公司）遵照执行。

一、凡加入院线的影院，必须使用经国家电影专项资金办公室审查并备案的计算机售票软件系统，截止目前已获准备案的售票软件有火烈鸟（V2.0）、满天星（V1.1.9）、火凤凰（V1.0）、中鑫汇科（V1.0）、沃思达 Vista（V3.1）。

二、目前院线内未安装计算机售票系统的影院必须于 2007 年 5 月 31 日前完成系统安装及数据上报测试。凡是 2007 年底前新安装计算机售票系统的影院，数据连续上报半年以上并审核合格的，可继续享受补贴（西部地区每家影院 2 万元，中、东部地区每家影院 1 万元）。

三、凡是 2007 年 5 月 31 日后新建的城镇影院，必须安装计算机售票系统，对拒不安装者不得进入院线。

四、计算机售票影院有义务保持售票系统的正常运营，保全售票数据的完整，系统出现异常应主动采取措施。如系统不能售票，应启用规范的备用票，并待系统恢复正常后进行数据补登；如因网络异常造成数据不能传送，应保留好系统内售票数据，待网络恢复正常后补传数据。

五、院线对其所属影院计算机售票数据上报负有管理责任，对院线内影院不按规定正常上报数据的，应由院线采取相应的措施，停止供应该影院进口及国产分账影片。

六、2007 年 5 月 31 日后，院线对其所属影院中未安装计算机售票系统或已安装但未使用系统的，仍旧供应进口及国产分账影片的，将追究院线的领导责任。

七、院线对其所属影院的计算机售票系统负有维护责任，如因维护服务不到位造成影院数据上报不全而未能获得相应的电影专项资金优惠政策，所属院线应承担相应责任。

八、国家电影专资办将严格以全国影院计算机售票数据中心的实际数据为依据，考核并兑现新建影院专项资金的先征后返、影院改造补贴及国产片放映考核奖励等专项资金项目。

关于印发《组建数字电影（中档技术）院线公司的实施办法（试行）》的通知

国家广播电影电视总局　2007年8月20日　广发〔2007〕87号

各省、自治区、直辖市、计划单列市广播影视局、文化厅（局），新疆生产建设兵团广播电视局，各电影集团、电影制片厂（公司）、电影院线公司、电影发行公司，华夏电影发行公司，电影数字节目管理中心、中国电影科研所、电影技术质量检测所：

现将《组建数字电影（中档技术）院线公司的实施办法（试行）》印发给你们，请遵照执行。

组建数字电影（中档技术）院线公司的实施办法（试行）

为进一步贯彻落实国家广电总局《关于加快电影产业发展的若干意见》（广发影字〔2004〕41号）和《电影数字化发展纲要》及《数字电影发行放映管理办法（试行）》（广发影字〔2005〕537号），充分调动国有、民营和社会力量，利用数字技术，开拓中小城市电影市场，促进国产影片的发行放映，扩大国产电影的社会效益和经济效益，满足广大人民群众日益增长的精神文化需求，积极探索中小城市电影市场发展的新路子，现就组建数字电影（中档技术）院线公司制定以下实施办法：

一、建立数字电影（中档技术）院线公司的主要目的是为了更好地探索国产影片发行放映的有效机制，充分利用现有资源，将高新技术和市场运作手段有机结合，努力提高国产影片的市场占有率，从而不断满足广大人民群众日益增长的文化需求。

二、数字电影（中档技术）院线公司要以资产联结或签约数字影院（厅）的形式组建，鼓励国有、民营企业和其他经济组织（不含外商投资企业）以资本参股、投资等方式参与或单独组建院线公司。

三、组建数字电影（中档技术）院线公司注册资金不低于300万元，并须在三年内吸收院线内股东资金或院线外社会资金不少于1000万元人民币，用于本院线中数字电影院、影厅的新建、改造；跨省数字电影（中档技术）院线公司须有15家（含）以上资本联结或签约的数字电影院（所有厅），或30个（含）以上数字电影厅；省内数字电影（中档技术）院线公司须有10家（含）以上资本联结或签约的数字电影院（所有厅），或20个（含）以上数字电影厅。各院线公司要实行企业化、现代化经营管理，统一品牌、统一供片、统一经营、统一管理，鼓励院线公司公平竞争，在竞争中推动中小城市电影市场繁荣发展。

四、数字电影（中档技术）院线公司所使用的数字电影放映设备应符合国家广电总局颁布的《电影数字放映技术要求》（广发技字〔2004〕1036号）和《数字影院（中档）放映系统技术要求》（广发〔2007〕75号），经广电总局电影技术质量检测所技术检测通过后，报总局科技司审核发放设备认定证书的数字电影放映设备。

五、拥有《电影放映经营许可证》的县级（含）以上城市的专业电影院和有固定放映场所、具备售票放映条件的其他放映单位，均有资格加入数字电影（中档技术）院线公司，进行数字化改造。

各数字电影（中档技术）院线公司要充分利用学校、工会礼堂、俱乐部、音像厅等现有的社会资源进行数字化改造。新建的专业数字电影院，须取得所在地的电影行政部门颁发的《电影放映经营许可证》，依法领取营业执照。

六、组建跨省数字电影（中档技术）院线公司的由广电总局审批，组建省（自治区、直辖市）内数字电影（中档技术）院线公司的，由所在地的省、自治区、直辖市电影行政管理部门审批并报广电总局备案。

申请单位须向批准部门提交以下材料：

（一）申请单位成立数字电影（中档技术）院线公司的报告；

（二）当地工商行政管理部门预核准院线公司的名称；

（三）以资产联结组建的院线公司要出示资产证明；以签约形式组建的院线公司要有签约协议；

（四）加入院线公司影院的资产证明、债权债务证明、工商登记复印件、银幕数量。

七、数字电影（中档技术）院线公司要以放映国产影片为主，所放映的数字影片均须获得国家广电总局颁发的《电影片公映许可证》，国产影片的年放映时间和影片数量不得低于年放映电影片时间总和和影片数量总和的三分之二，以满足城镇广大观众的观影需求。

八、数字电影（中档技术）院线公司为国产影片增加了发行放映渠道，拥有国产影片版权的单位要积极支持数字电影（中档技术）院线公司的发展，向院线公司推荐、发行国产影片。院线公司要认真组织国产影片片源，做好国产数字影片的发行放映工作。

鼓励影片在城市主流院线和数字电影（中档技术）院线公司同步上映。影片版权、发行权拥有者可以依托或委托总局数字节目管理中心的数字技术平台，为数字电影（中档技术）院线公司提供节目。

九、依据《关于对新建影院实行先征后返国家电影专项资金的通知》（电专字〔2004〕2号）的规定，数字电影（中档技术）院线公司所属影院可享受三年先征后返国家电影专项资金的优惠政策。具体申报程序按照上述《通知》要求执行。

十、数字电影（中档技术）院线公司要严格遵守《电影管理条例》和其他有关法规、规章，加强行业自律，诚实守信、规范管理、合法经营，制定院线管理、经营、培训等各项制度，按照总局有关电影统计的规定做好电影统计工作。数字电影（中档技术）院线公司纳入“国产影片发行放映考核办法”范围，进行年检、考核，对发行放映国产影片成绩突出的单位予以奖励，对不合格的单位予以批评，违反《电影管理条例》有关规定的，依法进行处罚。

十一、广电总局电影数字节目管理中心作为数字公共节目服务平台，要积极为数字电影（中档技术）院线公司提供数字电影节目制作、推介、订购等相关技术服务工作。

十二、广电总局电影技术质量检测所对进入数字电影（中档技术）院线公司的数字电影放映设备按照《电影数字放映技术要求》（广发技字〔2004〕1036号）及《数字影院（中档）放映系统技术要求》（广发〔2007〕75号）的相关技术要求进行产品化检测。

十三、本办法由国家广电总局电影局负责解释。

十四、本方案自公布之日起试行。

关于印发《数字电影发行放映管理办法（试行）》的通知

国家广播电影电视总局　2005 年 7 月 18 日　广发影字〔2005〕537 号

各省、自治区、直辖市、计划单列市广播影视局（厅）、文化厅（局），新疆生产建设兵团广播电视局，各电影集团、电影制片厂（公司）、电影院线公司、电影发行公司，华夏电影发行公司，电影数字节目管理中心：

现将《数字电影发行放映管理办法（试行）》印发给你们，请遵照执行。

数字电影发行放映管理办法（试行）

为了贯彻落实国家广电总局颁布的《关于加快电影产业发展的若干意见》（广发影字〔2004〕41 号）和《电影数字化发展纲要》（广发影字〔2004〕257 号），充分调动社会力量，充分利用数字技术，促进国产影片的发行放映，扩大电影的社会效益和经济效益，加快电影产业化、数字化进程，推进并规范管理数字电影发行放映工作，制定本管理办法。

一、数字电影发行放映是指运用数字技术拍摄或者通过胶片转数字方式制作的数字电影产品，利用卫星、光缆、影片数据输入盘、硬盘等传输方式，在数字电影院（厅）或电影放映场所从事的电影发行放映业务。现阶段，数字电影发行放映以影片数据输入盘、硬盘传输方式为主，卫星、光缆传输方式待试验成熟后再推广。

二、数字电影发行放映所使用的技术设施、设备，必须符合国家广电总局颁布的《电影数字放映暂行技术要求》（广发技字〔2004〕1036号）或《数字电影流动放映系统暂行技术要求》（广发技字〔2005〕532号）。城市数字电影院（厅）原则上应为专业数字电影院（厅），目前既有胶片放映机又有数字放映机一厅双机放映的应逐步向数字单机放映过渡。符合《数字电影流动放映系统暂行技术要求》的数字放映设备，只能在县城以下（含县城）的专业放映场所或者县城以上流动放映场所、非专业放映场所使用，不得在县城以上城市专业电影院（厅）使用。

三、拥有《电影放映经营许可证》的放映单位，新增数字电影放映业务，应向所在地的县或者设区的市电影行政部门备案。凡在城乡新建专业数字电影院（厅），或者在县以上（含县城）新从事社区、厂矿和学校等非专业数字电影放映业务，需向所在地的县或者设区的市电影行政管理部门提出申请，申请人持《电影放映经营许可证》到所在地工商行政管理部门登记，依法领取营业执照。在县以下（不含县城）从事农村、厂矿、社区和学校等范围数字电影放映业务，可以直接到所在地工商行政管理部门办理登记手续，并向所在地县级电影行政管理部门备案，备案后可以在县以下（不含县城）的农村、厂矿、社区和学校等范围从事数字电影放映业务。

四、允许境内外企业和其他经济组织以多种形式投资数字电影院（厅）。境内企业和其他经济组织投资数字电影院（厅），按照《电影企业经营资格准入暂行规定》（国家广电总局第43号令）执行；境外企业投资数字电影院（厅）按照《外商投资电影院暂行规定》（国家广电总局第21号令）执行。

五、鼓励境内企业和其他经济组织（不含外资）组建数字电影院线公司。放映设备符合《电影数字放映暂行技术要求》，10家以上以资本为纽带的数字电影院（所有厅）或者50个以资本为纽带的数字电影厅，可组建一条数字电影院线；15家以上以资本为纽带的数字电影院（所有厅）或者75个以资本为纽带的数字电影厅，可组建一条跨省数字电影院线；放映设备符合《数字电影流动放映系统暂行技术要求》，20家以上以资本为纽带的学校、农村、社区等非专业数字电影放映场所，可组建一条数字电影院线；30家以上不同省（市、区）以资本为纽带的学校、农村、社区非专业数字电影放映场所，可组建一条跨省数字电影院线。

六、申请成立省（自治区、直辖市）内数字电影院线公司的，由所在地的省、自治区、直辖市电影行政管理部门在20个工作日内审批，并报广电总局备案；组建跨省数字电影院线公司的，由广电总局在20个工作日内审批。申报单位持电影行政管理部门出具的批准文件到所在地工商行政管理部门办理相关手续。

七、凡在数字电影放映场所发行放映的数字影片，必须确保正确的导向，影片均须获得国家广电总局颁发的《电影片（数字）公映许可证》。各类数字电影放映场所一律不得发行放映未获得《电影片（数字）公映许可证》的数字影片。试点地区建立卫星地面接收站，经国家广电总局同意后，按有关规定向当地省级广电行政管理部门申办审批手续。

八、各数字院线公司和数字电影放映单位，要认真放映好国产影片，并提供优质服务，国产影片的放映时间和影片数量不得低于年度总放映时间和影片数量的三分之二。依照《关于鼓励影院放映国产数字影片的通知》（电专字〔2004〕3号）文件，对于年度放映国产数字影片达到要求的城市影院，给予当年按比例先征后返国家电影专项资金的优惠政策。在农村、社区和学校等非专业放映场所放映国产数字电影的收入，免征国家电影专项发展资金。

九、进口数字电影要符合《电影管理条例》有关进口影片的管理规定。数字电影进口经营业务由广电总局批准的电影进口单位专营。进口数字影片全国发行业务由广电总局批准的具有进口影片全国发行权的发行公司发行。

十、各级电影行政管理部门要把推进电影放映数字化作为电影产业发展的重要机遇和重要措施，加大对数字电影发行放映工作的推动和管理力度，尤其要积极做好农村数字电影放映的试点和推广工作。各类数字电影院线、数字影院（厅）及农村、社区和学校等非专业场所的发行放映统计数据要按照全国电影统计规定执行。

十一、本管理办法将在试行过程中，逐步修改完善。

关于《数字电影发行放映管理办法（试行）》的补充规定

国家广播电影电视总局　2008 年 5 月 13 日　广发〔2008〕62 号

各省、自治区、直辖市广播影视局、文化厅（局），新疆生产建设兵团广播电视局，电影数字节目管理中心，中影新农村数字电影发行有限公司：

为深入贯彻落实全国文化体制改革工作会议精神，深化行政审批制度改革，加快推进农村电影院线制、股份制改革，大力培育农村电影经营主体，大力实施农村电影放映工程，继续鼓励组建以市（地）为龙头，各县（市）参股，广泛吸纳社会资本参股，并以乡、村放映点为基础的农村数字电影院线公司。经研究，现对组建农村数字电影院线公司的审批办法做如下补充规定：

一、申请组建农村数字电影院线公司，应符合《农村数字电影发行放映实施细则》（广发〔2007〕52 号）和《农村数字电影放映工作指南》的相关规定。

二、公司注册名称须冠以“农村”、“数字电影”、“院线”字样，以有利于享受国家扶持农村数字电影的优惠政策。

三、申请成立农村数字电影院线公司，经营范围在市（地）辖区的，由本市（地）级电影行政管理部门在不超过 20 个工作日内审批，并报省级电影行政管理部门和国家广电总局电影局备案；经营范围在省（自治区、直辖市）辖区的，由本省（自治区、直辖市）电影行政管理部门在不超过 20 个工作日内审批，并报国家广电总局电影局备案；经营范围跨省区的，由国家广电总局电影局在不超过20个工作日内审批。

四、申报单位须持电影行政管理部门出具的批准文件，到相应的工商行政管理部门办理注册手续。

五、凡已经由省（自治区、直辖市）电影管理部门批准成立的农村数字电影院线公司，如跨区域经营，需按此补充规定重新申报。

六、本规定解释权为国家广电总局电影局。

七、本规定自发布之日起实行。

关于进一步规范城市专业数字电影院（厅）发行放映工作的通知

国家广播电影电视总局　2008年6月26日　〔2008〕影字430号

各电影院线公司、发行公司，中国电影集团公司，华夏电影发行公司，中影数字电影院线有限公司：

随着科学技术的不断提高和电影产业的快速发展，利用数字技术发行放映电影得到普遍应用，使用高端数字放映设备（可放映进口分账影片）的城市专业数字电影院（厅）（以下称城市专业数字电影院（厅））逐渐增多，为进一步规范数字电影发行放映工作，现将城市专业数字电影院（厅）的数字电影发行放映工作中的有关事项通知如下：

一、各有关单位要充分认识电影数字化发展的必然趋势，积极推进电影放映设备的数字化进程。

二、胶片与数字放映同时存在的城市主流电影院线公司和以城市专业数字电影院（厅）为主体的数字电影院线公司（以下统称城市主流电影院线公司），按照现有的院线制管理的有关规定执行，实行统一品牌、统一供片、统一经营、统一管理。

三、已加入城市主流电影院线公司的影院，新建、改建数字电影厅完成后，应向所在院线公司备案，以便院线公司与影院履行合同，统筹影片档期，及时供片。数字电影厅新建、改建完成后，院线公司应及时向广电总局电影局备案。

四、未加入院线的影院，新建、改建数字电影院（厅），具备加入城市主流电影院线公司的条件后，可以自行选择院线加盟，并按照电影院加盟电影院线公司的审批程序报批。

五、进口数字影片仍由中影集团进出口分公司引进，中影集团发行分公司、华夏电影发行公司发行。按照《电影管理条例》的有关规定，放映单位年放映国产影片的时间不得低于年放映电影片时间总和的三分之二。

六、任何发行公司、院线公司均可与影片版权方签约，发行国产数字影片。

七、发行公司、院线公司未与影片版权方签订发行合同，不得向加入院线公司的数字影院（厅）供片。

八、电影放映数字化发展进程中，要按照市场经济规律运作，兼顾设备投资方、发行方、院线公司和放映单位等各方利益。考虑到历史遗留问题，中影数字电影院线有限公司已投资改造的数字影厅，在合同期内，可继续按原合同约定执行。

关于调整国产影片分账比例的指导性意见

国家广播电影电视总局　2008 年 12 月 19 日　〔2008〕影字 866 号

各电影院线公司、制片公司（厂）、中国电影集团公司、华夏电影发行有限责任公司、中国电影制片人协会、中国电影发行放映协会、中国城市影院发展协会：

近年来，随着中国电影产业化进程的加快，影院和院线公司建设持续健康发展，电影票房连年快速增长，中国电影市场呈现出繁荣局面。电影制片业是中国电影产业链上的关键一环，为中国电影市场的繁荣做出了巨大的贡献，然而，目前我国电影制片业正面临严峻的挑战，制片成本急剧上升，票房回报比例偏低等客观因素，严重挤压了制片业的盈利空间，加大了制片业的投资风险，从而削弱了制片业的投资吸引力。

为深入学习实践科学发展观，坚持全面、协调、可持续发展的基本要求，我局在广泛听取各方意见的基础上，针对我国电影市场的实际情况，对国产分账影片的分账比例提出如下指导性意见：

一、制片方原则上不低于 43%、影院一般不超过 50%。

二、与院线公司资产联结的影院，在保证制片方分账比例的前提下，分账比例可与所在院线公司协商解决。

三、以买断方式进入市场的国产影片，可根据实际情况协商确定院线公司与影院的分账比例。

希望各电影制片公司（厂）抓住中国电影产业发展的有利时

机，积极探索，开拓进取，坚持三性统一的创作原则，拍摄出更多更好的满足群众需求的电影作品。请各电影发行公司、院线公司、电影院树立大局意识、责任意识，以中国电影产业全面发展为目的，在市场服务、产品营销等方面下功夫，为中国电影又好又快发展做出新的贡献。

关于进一步规范电影贴片广告和映前广告管理的通知

国家广播电影电视总局　2009年2月10日　〔2009〕影字79号

各省、自治区、直辖市广电局、各院线公司、制片单位，中国电影集团公司，华夏电影发行有限责任公司，中国电影制片人协会，中国电影发行放映协会：

近年来，随着中国电影产业化改革进程的加快，电影市场呈现出发展繁荣局面，从而带动了电影广告市场的发展。贴片和映前广告在树立企业形象、宣传企业产品，扩大片商、发行方、院线及影院的经营收入等方面发挥了积极的作用。但是，电影广告市场在发展中也出现了一些问题，如：内容格调不高，时间过长，尤其是近期，广告占用放映时间的问题更为突出，严重损害了消费者的利益，引起了广大观众的强烈反感。为促进广告市场健康有序发展，维护消费者的合法权益，现重申《关于加强影片贴片广告管理的通知》（广发影字〔2004〕700号）的有关规定，并就进一步规范贴片、映前广告管理提出如下要求，请有关制片、发行和放映单位在工作中严格遵照执行。

一、影片贴片和映前广告经营者的资质、广告内容等须符合《中华人民共和国广告法》和有关的法律、法规及实施细则的规定。

二、贴片广告、映前广告一律加在《电影片公映许可证》前，并在电影票面上标注的放映时间前放映。不得在电影放映中播放广告。

三、发行、放映单位应严格履行合同，加强管理，未经版权方或合作方同意，任何单位不得删减、替换贴片和映前广告。

四、各级广电行政管理部门要加强对电影广告的管理，切实保护好电影消费者的利益。中国电影制片人协会、中国电影发行放映协会要做好会员的协调工作，建立广告沟通平台，不断形成共识，推动广告市场健康发展。同时，建立内部通报制度，对违反电影管理有关法规者予以通报。各发行公司、院线公司和电影院应加强行业自律，自觉规范电影广告业务。

特此通知。

关于促进电影制片发行放映协调发展的指导意见

国家广播电影电视总局　2011 年 11 月 29 日　〔2011〕影字 992 号

中国电影发行放映协会：

为贯彻落实十七届六中全会精神，构建统一开放竞争有序的现代电影市场体系，巩固电影业改革发展成果，促进电影行业整体健康持续发展，我局在广泛调查研究的基础上，提出以下促进电影制片发行放映协调发展的指导意见。

一、为进一步平衡电影制片与发行放映的利益分配水平，建立符合市场规律的电影投资与回报体系，并参照国际惯例，电影院对于影片首轮放映的分账比例原则上不超过 50%。

二、为促进影院建设持续健康发展，降低影院建设、经营成本，维护电影行业的整体利益，减少影院建设激烈竞争造成的后续经营不利影响，建议影院年度地产租金原则上不超过年度票房的 15%。

三、为提高电影院线的经营管理水平，促进电影院线稳定健康发展，加强电影院线“统一品牌、统一供片、统一经营、统一管理”的经营理念，根据《关于改革电影发行放映机制的实施细则（试行）》（广发办字〔2001〕1519 号）的有关精神，影院以签约形式加盟院线的，签约期原则上不少于三年。签约期间，影院如改签加盟资产联结在 50% 以上院线的，经与签约院线协商，可改签加盟资产联结院线。电影院线要树立服务意识，创新服务方式，以优质的服务水平提高市场竞争力。

四、为规范电影院广告放映管理，提高电影广告的经营管理能力，待制片发行放映利益调整到合理水平后，电影院广告放映经营权逐步回归到电影院，制片方不再经营贴片广告。电影院广告放映的其他规定仍按国家及行业的有关规定执行。

五、各电影单位要树立大局意识，责任意识，严格执行国家对电影管理的相关法规政策。要切实加强行业自律，自觉抵制破坏电影市场正常秩序的行为。

请你协会将《指导意见》向行业内转发，并做好相关协调工作。希望各电影单位，要抓住国家大力支持发展文化产业的历史机遇，深化改革，积极探索适应我国国情的电影产业发展经营模式，团结合作，以中国电影产业全面健康发展为目的，为实现十七届六中全会提出的推动文化产业成为国民经济支柱性产业的目标做出新的努力和贡献。

关于加强电影市场管理
规范电影票务系统使用的通知

国家新闻出版广电总局　2014年1月17日　新广电发〔2014〕12号

各省、自治区、直辖市广播影视局，国家电影专项资金管委会办公室，各电影院线公司，有关电影单位，中国电影制片人协会、中国电影发行放映协会：

近年来，在国家文化产业政策的推动下，我国电影产业保持了良好的发展态势，电影创作生产、影院建设和电影票房连续多年快速增长，迎来了发展的难得机遇期。与此同时，影院市场上一些违法违规经营行为也突出存在，偷漏瞒报票房行为以各种形式存在，干扰了市场秩序，损害了电影声誉，造成了恶劣影响。伴随产业快速发展相产生的市场乱象，如不及时治理整顿，坚决予以处理，将直接损害电影行业的健康、可持续发展。

为建立和完善“公开、公正、公平和透明”的电影市场体系，营造全国统一开放、竞争有序的电影市场环境，实施好国家新闻出版广电总局近日颁布的《电影院票务管理系统技术要求和测量方法》（GY/T276—2013），杜绝电影市场违法违规及各种不规范经营行为，结合目前电影市场的实际情况，现就有关事宜通知如下：

一、严格完善票务软件产品市场准入制度

（一）《电影院票务管理系统技术要求和测量方法》（GY/T276—2013）是在现行《电影院计算机票务管理系统软件技术规

范》（GY/T 207—2005）基础上修订的，新标准体现了科技进步和电影市场发展的需要。各有关电影单位和电影院票务管理系统软件（以下简称影院票务软件）提供商应及时完成软件升级工作，2014年5月1日起，影院不得新安装不符合新标准的影院票务软件。

（二）影院票务软件实行产品检测和备案的严格准入管理，其产品须经检测并取得备案证书后方可进入市场。

影院票务软件应符合颁布的《电影院票务管理系统技术要求和测量方法》（GY/T276—2013）的所有规定条件，当涉及到规范要求的模块和功能发生改变或升级时，须作为新版软件产品予以重新备案认定。

（三）国家新闻出版广电总局委托国家电影专项资金管理委员会办公室（简称电影资金办），建立全国电影票务综合信息系统，负责影院票务软件产品的备案管理，并对合格的影院票务软件产品予以备案公示。软件提供商申请影院票务软件产品备案时，须向电影资金办提交软件产品备案申请、软件安装光盘、需求文档、设计文档、用户手册及软件著作权登记文件等相关材料。

（四）总局委托电影技术质量检测所，按照最新颁布的《电影院票务管理系统技术要求和测量方法》，对电影资金办委托检测的影院票务软件产品进行标准符合性检测，对需求文档、设计文档、用户手册、软件著作权登记文件等相关文档进行检验，并对通过检测的软件产品出具检测报告。

二、切实加强票务软件产品市场应用管理

（一）影院所在地县级以上（含县级）电影主管部门负责对电影院票务软件进行安装后的验收及抽查检验。影院同一时期只能安装和使用一套符合国家颁布标准、通过备案准入的影院票务软件产品，否则视为严重违规经营行为。

（二）影院初次安装或换装不同厂商的票务软件，须向软件商索取票务软件产品备案证书复印件备查，安装或换装后须向影院所在地县级以上（含县级）电影主管部门提交验收申请，由该部门或由其委托具有检测资质的机构对影院所装票务软件进行验收检测，与电影资金办票务软件产品备案信息进行核对，对通过检测的票务软件予以确认和存档，作为今后使用过程中抽验的检测依据。

（三）影院对已安装使用并通过验收检测的票务软件进行升级时，须向软件商索取电影资金办出具的该版本软件升级备案说明以备查，以保证抽验特征与电影资金办备案信息一致。

（四）影院在日常经营中须按规定使用影院票务系统出售电影票，并按规定的时间要求向国家电影票务综合信息系统报送票房数据。若特殊情况下采取其他方式出售电影票，须在标准规定的时限内将售票信息补登进入影院票务系统，并将补登日的票房数据报送至国家电影票务综合信息系统。影院不得对安装的影院票务系统软件及相关数据进行改动，若发生任何信息改动行为，则视为严重违规经营行为。

（五）影院的基础信息（影院名称、影厅、座位、影院地址、法人代表及联系方式等）发生变更后应及时填报《影院基础信息变更表》上报省级电影主管部门。省级电影主管部门在收到变更申请后，应在七个工作日内完成审核并录入全国电影票务综合信息系统。

（六）软件商对影院提供票务软件产品安装及售后服务过程中，不得对影院已安装的票务软件及相关票房数据进行改动。一经发现影院信息经过改动，将严肃追究软件商和影院双方的责任。

（七）所有票务软件通过检测、验收并备案后每二至三年须报电影资金办进行审核，由电影资金办重新核发票务软件备案证书。具体时间由电影资金办根据各软件版本的修改、变更和升级情况进行确定并通知各票务软件商。各地电影主管部门及省专项资金管委会负责对辖区内的每家影院票务软件在三年内进行一次复查。除定期复查外，还应进行不定期地抽查，确保影院规范使用票务软件系统。

三、严格规范影院经营行为

（一）加入城市主流院线的影院必须安装使用国家认定的影院票务系统进行售票和票务管理，严格执行新颁布的票务管理系统技术要求和相关市场管理法规。

（二）影院售出的电影票必须是通过经备案许可的计算机售票系统打印的电脑票，符合技术规范的要求，标明影院名称、影片片名、放映时间、票价、影厅名称、座位号及售票软件生成的影票信息二维码等必要信息。

严禁向观众出售非正规电影票，包括手工票及经手工涂改的或票面必要信息打印不完整的电脑票。

（三）影院对观众所持本影院认可的各种电影卡、券、二维码及网络售票凭证等观影凭据，必须通过经备案许可的计算机售票系统兑换为电脑票。

（四）电脑票上打印的票价必须与观众实际支付的票款一致。严禁出票价格与观众支付金额不符的违规行为。

（五）电脑票上打印的影片片名必须与观众实际观看的影片一致。严禁出现电影票上打印片名与观众实际观看的影片不符的行为。严禁出售、使用无明确影片片名的电影票。影院售票系统只用于打印、出具电影票，其它费用均须单独出具票据并予以公示。此项规定包括汽车电影院等各类经营性放映场所。

（六）影院不得擅自将数字放映服务器用于注册地点以外的场所放映。

（七）任何单位和个人应严格遵守《电影管理条例》和国家其他相关法律法规。严禁影院盗录、盗放节目；严禁放映未取得《电影片公映许可证》的影片；严禁影院通过蓝光、DVD、网络下载等非影院放映介质以经营方式放映影片，包括取得《电影片公映许可证》的影片。

四、大力加强行业监管

（一）各级电影行政主管部门和各电影单位要充分认识建立“公开、公正、公平和透明”的市场体系、规范管理和规范经营的重要意义，认真履行职责，增强法制观念，共同营造统一开放、公平诚信、竞争有序的市场环境，抵制危害电影市场秩序的行为。

（二）各级电影行政主管部门要强化市场管理职能，提高日常监管能力和手段，对各种违法违规行为依法严肃处理。

（三）中国电影发行放映协会要充分发挥行业协会在行业管理、监督、约束和职业道德建设等方面的作用，加强行业自律建设，完善行业自律公约，从市场体系建设上指导会员单位遵守行业规范和准则。建立电影行业违法违规经营行为举报制度和通报制度，设立举报电话，对于违法违规的影院及时进行通报、曝光。

（四）各电影院线公司要切实提高规范化、科学化管理水平，对所辖影院的经营行为要加强巡查和日常监督检查，发现问题及时纠正和处理，不得纵容或者包庇违法违规行为。

（五）充分发挥全国性的影片发行放映市场监督管理公司的作用，监督管理公司在依据商业合同稽查各类经营性影院的违法违规行为时，其行为要符合国家相关法律法规的规定，做到文明监察，处罚有章可循，并及时向电影主管部门通报违法违规行为。

（六）各放映单位应在售票大厅明显位置公布本单位的监督电话和行业协会的举报电话，自觉接受社会监督。

五、加大对违法违规行为的打击力度

（一）发行方、院线和影院应牢固树立法律意识，依据相关法律法规和行业规范制定发行放映合同，通过经济合同保障合法权益。各级电影行政主管部门支持有关各方依法维护自己的合法权益不受侵害。

（二）对违反上述一、二、三条款中的有关规定、一般性的违规行为，除合同利益方依据合同对违约方追究违约责任外，还可依情节轻重，单独或同时采取以下惩戒措施：

1．中国电影发行放映协会向违法违规单位提出警告，在行业内部进行通报并在行业协会网站、《中国电影报》、《中国电影市场》等媒体曝光。

2．中国电影发行放映协会、中国电影制片人协会联合电影制片方、发行方，在规定时间内向违法违规单位暂停所有供片。

3．国家电影资金办会同省级专资办，做出取消其当年电影专项资金先征后返资格、各项资金资助、奖励资格。中国电影发行放映协会取消其参加星级影院评定的资格；对存在上述行为的星级影院予以摘牌处理。

（三）对下列严重违反国家相关法律法规的行为，由《电影放映经营许可证》的核发机构做出暂停或吊销该证的处理决定：

1．使用未经备案的票务软件产品，或使用两套（含）以上票务设备或票务软件，篡改票务数据，上报票务数据严重弄虚作假，造成偷漏瞒报票房和偷税漏税的。

2．在影院盗录、盗放影片，严重损害著作权人合法权益的；

3．放映未取得《电影片公映许可证》的影片，或以蓝光、

DVD、网络下载等非影院放映介质放映的。

（四）票务软件商销售未经备案的软件产品，或配合影院篡改票务数据、同时使用两套以上的（含两套）票务软件系统，电影资金办将取消该软件商产品备案证并予以公示，永久取消软件商的准入资格。

（五）各电影经营单位的违法违规行为如果涉嫌触犯国家的其他法律法规，各级电影主管部门须将相关信息通报公安、财政、海关、税务等有关部门，由其依法查处。

（六）影院违规事项未处理完毕之前，不得改签院线。各级电影主管部门在审核时，应注意违规影院通过变更企业名称、法人等方式逃避处罚的做法。

六、其他要求

（一）以上规定，未涉及《电影院票务管理系统技术要求和测量方法》（GY/T276—2013）的，自本通知发布起执行。涉及《电影院票务管理系统技术要求和测量方法》（GY/T276—2013）的，要按新标准进行影院票务软件升级，2014 年 10 月 1 日起，未完成影院票务软件升级的影院，不得从事电影放映经营行为。

（二）各级电影主管部门要严格督查本通知规定的执行和落实，并进行专项整顿治理活动，以确保电影经营的制度化、规范化、秩序化运行。

（三）此规定在执行过程中，各有关单位要及时发现新问题，不断总结经验，完善相关措施，保证电影产业的持续、健康发展。

关于转发《电影院票务系统（软件）管理实施细则》的通知

国家新闻出版广电总局　2014 年 7 月 21 日　影字〔2014〕407 号

各省、自治区、直辖市广播影视局，国家电影专项资金各省级管委会，各电影院线公司，各票务软件商，中国电影发行放映协会：

为进一步贯彻落实《国家新闻出版广电总局关于加强电影市场管理规范电影票务系统使用的通知》（新广电发〔2014〕12 号）和《电影院票务管理系统技术要求和测量方法》（GY/T276—2013）精神，国家电影专项资金管理委员会办公室在广发征求意见的基础上，制订了《电影院票务系统（软件）管理实施细则》。现将《电影院票务系统（软件）管理实施细则》转发给你们，请遵照执行。

电影院票务系统（软件）管理实施细则

为规范电影院票务系统（软件）管理，营造统一开放、竞争有序的电影市场环境，维护电影产业健康可持续发展的态势，依据《国家新闻出版广电总局关于加强电影市场管理规范电影票务系统使用的通知》（新广电发〔2014〕12 号）及《电影院票务管理系统技术要求和测量方法》（GY/T276—2013），特制定本实施细则。

总　则

（一）国家电影事业发展专项资金管理委员会办公室（以下简称“电影资金办”）负责建立和管理全国电影院票务综合信息管理系统（以下简称“国家数据平台”），负责全国电影院票务数据的接收、统计和服务，以及全国电影院计算机售票系统的管理工作。

（二）省、自治区、直辖市电影行政主管部门和电影专项资金省级管委会办公室（以下简称“省级电影主管部门”），负责辖区内电影院计算机售票系统的管理工作。

（三）本细则所称电影院，是指在中华人民共和国境内依法设立的固定场所的营业性电影放映单位。

（四）本细则适用于所有在电影院安装使用的电影院票务管理系统软件和各类电影票网络代售票务软件（以下简称“票务软件”）的检测备案、销售和使用。

（五）本细则所称票务软件商，指所有通过检测备案并在国内销售电影院票务软件的单位和企业（含提供电影票代售服务的单位和企业）。

（六）电影院必须安装和使用通过检测、备案的票务软件进行售票和票务管理，严格执行《电影院票务管理系统技术要求和测量方法》（GY/T276—2013）（以下简称“现行技术标准”）和相关市场管理法规。

一、票务软件管理

（一）票务软件产品备案

1．在中国境内市场上销售、安装和使用的票务软件须符合国家新闻出版广电总局颁布的现行技术标准，并在电影资金办进行备案。

2．电影院票务软件商申请其票务软件产品备案，须向电影资金办提交软件产品备案申请、营业执照（副本）、软件安装光盘（可供HTTP下载的软件包）、需求文档、设计文档、用户手册、服务承诺书（见附件）及软件著作权登记文件等相关材料。

3．电影资金办对电影院票务软件商提交的申请材料审核通过后，出具委托检测书，由总局电影技术质量检测所进行检测，检测费用由票务软件商承担。电影资金办依据软件检测报告对通过检测的票务软件予以备案，出具备案证书，并在相关网站上进行公示。

4．电影票网络代售商申请其电影票代售软件产品备案，须向电影资金办提交网络代售软件产品备案申请、营业执照（副本）、ICP许可证、服务承诺书和软件著作权登记文件等相关材料。

5．电影资金办对电影票网络代售商提交的申请材料审核通过后，出具委托检测书，由总局电影技术质量检测所进行检测（含自助取票机接口检测），检测费用由电影票网络代售商承担。对通过检测的电影票网络代售软件，电影资金办依据软件检测报告予以备案，并发放UsbKey硬件数字证书，以接入电影院本地票务软件系统。

6．凡获准进入市场的电影票网络代售软件须向国家数据平台开放只读数据接口（包含选座售票原始数据以及公钥请求）。

7．票务软件商应对票务软件的知识产权和著作权独立承担法律责任，保证安装、使用的票务软件与通过备案的票务软件一致，杜绝篡改、伪造票务软件等违规行为的发生。

（二）票务软件产品定期审查

1．备案的票务软件有效期为三年。无版本变化和功能修改的票务软件，在有效期满前60天内须报电影资金办进行复核，由电影资金办重新核发票务软件备案证书和 UsbKey 硬件数字证书。

2．电影资金办对复核结果进行公示，对不按要求履行事先申报流程、擅自变更软件的票务软件商，取消其备案并予以公示。

（三）票务软件升级

1．票务软件在备案有效期内，涉及现行技术标准要求的模块和功能发生改变和升级的，需向电影资金办提交版本变更备案申请，并重新检测、备案。

2．票务软件在备案有效期内，未涉及现行技术标准要求的模块和功能发生改变和升级的，应向电影资金办提交软件安装包，以提取 MD5 关键值存入国家数据平台备案信息库。电影资金办将不定期进行抽检，以验证是否符合现行技术标准。

3．遇技术标准发生调整，票务软件商须在规定时间内完成软件修改，重新送检备案。同时应承担对所有已安装票务软件的升级义务，完成对相关电影院票务系统软件的调试安装和培训工作。

二、电影院票务软件使用管理

（一）电影院安装（换装）票务软件

1．电影院同一时期只能安装和使用一套通过备案的电影院票务软件产品。

2．新建电影院应在国家数据平台中的公共平台进行注册，如实、完整填报电影院相关基础信息，并向省级电影主管部门提供电影院营业执照、放映许可证等材料。省级电影主管部门审核通过后，编制、发放电影院编码和 UsbKey 硬件数字证书。

3．电影院票务软件必须安装使用 UsbKey 硬件数字证书，并确保票务软件系统时间与北京时间一致。

4．电影院安装或换装票务软件，须向票务软件商索取票务软件产品备案证书复印件备查。

5．电影院安装或换装票务软件后，须通过UsbKey硬件数字证书完成电影院编码等信息的加载，并向电影院所在地县级以上（含县级）电影主管部门提交验收申请。

6．各地县级以上（含县级）电影主管部门收到电影院验收申请后，会同省级电影主管部门或其委托机构，对电影院所装票务软件进行验收检测，并与国家数据平台备案信息系统进行核对。对通过票务软件验收的电影院，出具安装验收确认书。

7．电影院应确保票务软件的座位图与《电影院基础信息表》一致。

（二）电影院基础信息变更

1．已完成注册并正常经营的电影院，如遇基础信息变更，应及时通过国家数据平台更新，并由省级电影主管部门审核确认。

2．电影院变更院线时，应及时通过国家数据平台更新，并由电影资金办审核确认。

（三）电影院票务软件停用及注销

1．电影院经营终止或暂停放映电影业务，须向属地县级以上（含县级）电影主管部门报告，并通过国家数据平台向省级电影主管部门提交相关材料。终止经营的电影院须交回UsbKey硬件数字证书。省级电影主管部门应对此类电影院UsbKey硬件数字证书予以停用，并报电影资金办备案。

2．对不提交申请注销、暂停放映电影或连续未上报票房数据两个月以上的电影院，省级电影主管部门可停用UsbKey硬件数字证书。

3．已终止或暂停放映电影业务的电影院重新开业，应当按照本细则有关规定重新申报，经批准后方可启用票务软件。

4．注销后的电影院，其电影院编码予以封存，其他电影院（包含新建电影院）不得占用该电影院编码。

（四）电影院售票管理

1．电影院票务软件中用于编排放映计划的影片名称、影片编码及影片其它基本信息，必须通过票务软件信息数据接口从国家数据平台统一下载。

2．电影院在票务软件中编排的放映计划（包括放映影片和开场时间等）必须与实际放映相一致，所有实际放映的场次（包括会议租场中的放映）必须如实地在票务软件中编排或登记相应的放映计划。

3．电影院须按规定使用电影院票务软件出售电影票，并按现行技术标准中规定的时间要求向国家数据平台报送票房数据。特殊情况下采取其他方式出售电影票的，须在规定的时限内将售票信息补登进入电影院票务系统（软件），并报送至国家数据平台。

4．电影院售出的电影票必须是通过备案许可的票务软件打印的电脑票，符合现行技术标准，标明电影院名称、影片片名、放映时间、票价、影厅名称、座位号及影票信息二维码等必要信息。电影院票务软件只能打印、出具电影票。网络代售渠道取得的电影票，其主券票面上应打印票价和网络代售费，其它费用均须单独出具票据并在电影院显著位置予以公示。

5．观众进场观影时，必须持经票务软件记录并打印（含符合现行技术标准并通过检测合格的自助取票机打印）的电影票入场（票务软件故障无法出票的情况除外），并且必须一人一票。各类兑换券、电影卡、通票、团体票及网络代售凭证等观影凭据，必须通过电影院票务软件记录并打印成电影票后方可进场观影。自助取票机应与电影院售票软件服务器直接连通，并安装于电影院实际经营场所范围之内。

6．电脑票上打印的票价必须与观众实际支付的票款、上报国家数据平台的票价一致。打印的影片片名必须与观众实际观看的影片一致。

（五）退票和补登

1．因停电、机器故障等原因造成正常放映无法进行的，电影院须于相应放映场次结束前，通过电影院票务软件向持票观众进行退票。当时无法通过电影院票务软件退票的，应在故障恢复后的当日如实通过国家数据平台提交退票申请。

2．因停电、机器故障等原因造成票务软件无法售票的（电影院正常放映业务未受此影响），电影院须使用经省级电影主管部门认可的备用票完成售票，并于七日内将备用票售出情况补登录入票务软件（备用票使用管理规定由各省级电影主管部门自行制订）。

3．特殊情况下，场次结束后的仍需要进行退票操作或超过七天仍需进行补登操作的，电影院须通过国家数据平台向省级电影主管部门提交申请。

4．省级电影主管部门收到电影院场次结束后的退票或补登请求后，于3个工作日内完成审核。凡审核通过的电影院，须于48小时内完成相关操作。48小时内未完成相关操作的，须重新提交申请。其中：退票操作由电影资金办终审，补登操作由省级电影主管部门终审。

（六）数据上报

1．电影院须于当日12时前向国家数据平台上报前一营业日统计数据，上报的统计数据应包含前一营业日内所有放映活动的数据，应保证及时、完整、准确。当日未放映电影的电影院，也应传送营业状态信息数据。电影院因故不能上报统计数据的，应及时报告，由省级电影主管部门核实后在国家数据平台内录入未上报原因。电影院应在故障排除后向国家数据平台补报统计数据。

2．电影院（含电影票网络代售商）须于每次售票操作完成后的10分钟内将每张电影票的相关原始数据上报至国家数据平台。因系统、网络故障导致原始数据上报中断的，须在故障排除后补报。

（七）通知和消息

1．电影院票务软件须接受主管部门通过国家数据平台发送的各类通知和消息，并提供相关通知和消息展现界面，以便于相关操作人员及时了解。

2．通知和消息中附带工作任务的，电影院须按其内容要求在规定的时限内完成相应工作任务，并通过国家数据平台向发送通知和消息的主管部门反馈完成情况。

（八）数据恢复（迁移、清理）

1．票务软件系统内的历史数据和相关日志至少应保留三年。进行票务软件数据恢复（数据迁移或数据清理），须提前24小时向电影院所在地省级电影主管部门提出申请。所在地省级电影主管部门应在国家数据平台内核对票房数据的一致性，确认完整无误后方可函告票务软件商及电影院进行数据恢复（迁移或清理）。

2．电影院票务软件内数据毁损的，可通过国家数据平台完成票房统计数据的下载和恢复。

三、检查及监督

（一）电影院票务软件使用检查

1．各地县级（含县）以上电影主管部门负责组织对辖区内电影院票务软件的验收和检查工作。具体实施由省级电影主管部门或其委托机构进行。实施办法和检查费用标准由各省自行制定。

2．除电影院票务软件新装或换装必须进行验收检查外，每三年应进行一次复查。同时，还应进行不定期的抽查，并将各项检查结果及时上传至国家数据平台。

3．每次检验应履行完整的检验流程，现场采集电影院票务软件特征码并与国家数据平台备案信息系统进行比对验证。

4．票务软件商应积极配合检查，主动提供售票软件在电影院本地服务器内的安装目录、Linux 服务器只读权限的用户名和密码等检测所需的必要信息。

（二）电影院票务软件使用监督

1．电影资金办负责对全国电影票网络代售网站 UsbKey 硬件数字证书的发放、停用等进行统一管理。

2．省级电影主管部门对本省电影院 UsbKey 硬件数字证书的发放、停用等进行统一管理。

3．电影观众可通过扫描所购电影票的二维码，通过国家数据平台对电影票的真实性进行验证。

四、违规行为及处理

（一）票务软件商违规行为

1．提供虚假备案材料的；

2．将未经备案的票务软件提供给电影院安装使用的；

3．各版本票务软件抽检不符合现行技术标准的；

4．协助电影院安装两套（含两套）以上票务软件的；

5．协助电影院篡改、伪造票房数据的；

6．逾期未年检的；

7．不履行升级义务的；

8．其他违规行为。

（二）电影票网络代售商违规行为

1．提供虚假备案材料的；

2．协助电影院篡改、伪造票房数据的；

3．未将售票信息及时报送到国家数据平台的；

4．实际销售的票价及服务费金额与传送到电影院票务系统的数据不一致的；

5．通过任何形式的数据封装或数据调用等方式向其他任何第三方开放网络代售接口的，或通过其他电影票网络代售商的数据接口开展网络售票的；

6．使用非规范接口的自助取票机打印电影票的（打印的电影票票面内容不符合现行技术标准、所附二维码虚假等）；

7．在网络代售终端上（网站、移动终端等任何形式的代售界面）没有明示影票价格和网络代售费用的；

8．逾期未年检的；

9．其他违规行为。

（三）电影院违规行为

1．安装、使用未经备案的票务软件的；

2．同一时期安装和使用两套（含）以上电影院票务软件产品的；

3．对票务软件及相关票房数据进行改动的；

4．向观众出具非正规电影票的（包括手工票及经手工涂改的或票面必要信息打印不完整的电脑票）；电影院出票价格与观众支付金额不符的；电影票上打印片名与观众实际观看影片不符或电影票上无明确影片片名的；

5．擅自更改数据上报地址、生成上报文件路径、上报头文件等系统设置内容的；

6．不上报票房数据又不履行相应报告程序的；

7．偷漏瞒虚报、挪移票房，造成票务统计数据不实的；

8．其他违规行为。

（三）处理

对违规票务软件商和电影院，除适用《国家新闻出版广电总局关于加强电影市场管理规范电影票务系统使用的通知》中规定的处理措施外，可合并或者单独进行以下处理：

1．违规的票务软件商，视违规情节，由电影资金办注销其票务软件备案资格、停用 UsbKey 硬件数字证书。

2．违规的电影院，由省级电影主管部门暂停电影院 UsbKey 硬件数字证书，停用时间视电影院违规情节酌定。

五、附　则

本细则由发文单位负责解释。

本细则自颁布之日起执行。

附件

票务系统（软件）供应商承诺书

按照《国家新闻出版广电总局关于加强电影市场管理规范电影票务系统使用的通知》（新电发〔2014〕12 号）的通知要求，以及《电影院票务管理系统技术要求和测量方法》（GY/T276—2013）的技术标准，对本公司生产的（版本为 V 版）票务软件产品作出如下承诺：

保证上述票务软件产品符合《电影院票务管理系统技术要求和测量方法》（GY/T276—2013）。

保证安装和使用的票务软件产品是通过国家新闻出版广电总局指定的检测机构检测、并通过国家电影专资办备案的。

遵守国家法律法规和相关管理规定，保证对票务软件拥有完全的知识产权和著作权，独立承担因侵权形成的诉讼和赔偿。

保证安装、使用的票务软件与送检通过的票务软件一致，保证不篡改、伪造票务软件。

服从监督管理，若本公司票务软件在安装和使用过程中出现违规行为，愿意接受国家电影行政主管部门和国家电影资金办的处罚措施，赔偿因违规行为给各相关方造成的经济损失。

公司（公章）

年　　月　　日

关于规范点播影院、点播院线经营管理工作的通知

国家新闻出版广电总局　2017年4月21日　新广电发〔2017〕81号

各省、自治区、直辖市新闻出版广电局，中国电影科学技术研究所、总局电影数字节目管理中心、总局电影技术质量检测所、国家电影事业发展专项资金管理委员会办公室，各电影院线公司、影院，中国电影发行放映协会：

为促进电影产业健康繁荣发展，丰富人民群众精神文化生活，更好地弘扬社会主义核心价值观，满足广大观众日益增长的多样化消费需求，积极开拓和培育电影产业新业态，进一步规范电影市场秩序，根据《中华人民共和国电影产业促进法》及相关法律法规，现就点播影院、点播院线经营管理工作通知如下：

一、点播影院是指通过互联网或者电影技术系统，以实时点播、轮播、下载播放等方式，向群体性观众提供营利性电影放映服务的固定场所。

由一定数量的点播影院构成的电影放映组织和管理机构可称之为点播院线，负责通过合法渠道获取节目源，为所辖点播影院提供获得合法放映授权的播放片源，并指导和规范其运营服务。

二、从事点播影院、点播院线电影放映、发行服务，应当遵守宪法和有关法律、法规，弘扬社会主义核心价值观，传播正能量，并依法取得电影主管部门核发的许可证。

三、国务院电影主管部门负责全国点播影院、点播院线电影

放映、发行服务的监督管理工作。

县级以上地方人民政府电影主管部门负责本行政区域内点播影院、点播院线电影放映、发行服务的监督管理工作。

四、申请成立点播影院，除工商注册信息外，应当明确隶属院线、所用点播影院计费系统和放映系统设备等信息，经所在地县级人民政府电影主管部门批准，获得专项《电影放映经营许可证》。

五、申请成立省内点播院线，所辖点播影院数量应不少于30家，由所在地省级电影主管部门批准，获得专项《电影发行经营许可证》。

申请成立跨省点播院线，所辖点播影院数量应不少于60家，由国务院电影主管部门批准，获得专项《电影发行经营许可证》。

六、点播影院、点播院线放映、发行的影片须依法通过审查，包括依法获得公映许可的国内外影片和依法设立的电视台、互联网视频网站按照国家有关规定引进的电影等。上述电影均应当获得合法放映授权。

七、点播影院应当建立健全各项管理制度，选用符合《点播影院暂行技术规范》（详见附件）的点播影院计费系统和放映系统设备，规范经营并确保放映质量。

八、点播影院应当遵守治安、消防、公共场所卫生等法律、行政法规，维护放映场所的公共秩序和环境卫生，保证观众的安全与健康。

九、现已开展电影放映、发行经营服务的点播影院、点播院线，应当在本通知发布之日起30日内，按照本通知规定进行整改，并分别向所在地县级人民政府电影主管部门、省级电影主管部门登记备案。

正在制定的《点播影院放映电影管理办法》发布后，将对符合条件的点播影院、点播院线核发许可证件，不符合条件的，将依法予以取缔和处罚。

十、各省级电影主管部门应当在本通知发布之日起60天内，将本行政区域内点播影院、点播院线的基本情况汇总上报国务院电影主管部门。

关于印发《国产电影复映暂行规定》的通知

国家电影局　2018 年 11 月 8 日　国影发〔2018〕2 号

各省、自治区、直辖市电影主管部门，中央和国家机关有关部委、有关人民团体宣传部门，中央军委政治工作部宣传局：

现将《国产电影复映暂行规定》印发给你们，请认真贯彻执行。

国产电影复映暂行规定

为进一步弘扬和传承优秀电影文化，丰富电影市场产品供给，规范和完善电影复映管理，依据《中华人民共和国电影产业促进法》和相关法规，制定本规定。

一、复映影片是指取得《电影公映许可证》或公映许可，距首次公映结束超过两年再次进行发行放映的国产电影。

二、电影复映应严格保护各版权相关方合法权益，应由出品单位、发行单位签订正式合同，明晰各方权利义务和法律责任。

三、复映电影应按照属地管理原则，报电影第一出品单位所在省（自治区、直辖市）电影主管部门重审，重审意见及放映安排报国家电影局。中央和国家机关有关部委、有关人民团体、军队所属电影单位为第一出品单位的影片直接报国家电影局重审。

四、为了维护电影创作积极性和市场秩序，复映影片应控制放映规模，全部放映范围不超过 2500 个影厅，每家影院放映单部复映影片的影厅不超过 1 个。

五、本规定自 2018 年 12 月 1 日起施行。

印发《关于加快电影院建设 促进电影市场繁荣发展的意见》的通知

国家电影局　2018 年 12 月 11 日　国影发〔2018〕4 号

各省、自治区、直辖市电影主管部门，各电影院线公司：

现将《关于加快电影院建设　促进电影市场繁荣发展的意见》印发给你们，请认真贯彻执行。

关于加快电影院建设
促进电影市场繁荣发展的意见

为深入贯彻落实党的十九大精神，更好满足人民日益增长的美好生活需要，推动中国电影在新时代迈上新台阶，实现由电影大国向电影强国迈进，现就进一步加快电影院建设、促进电影市场繁荣发展提出以下意见。

一、重要意义

党的十八大以来，中国电影发展取得了显著成就，在不断提高电影创作质量的同时，电影市场保持快速增长，电影基础设施建设得到长足发展。目前，我国已经成为世界第二大电影市场，电影银幕数量稳居全球第一，观影人次不断攀升，电影越来越成为深受人民群众喜爱的重要文化娱乐形式。但是，在影院建设快速发展、银幕数量快速增长的同时，影院建设发展不平衡不充分、中西部地区特别是县级城市及以下地区覆盖不足、电影院线制改革亟须深化等问题越来越突出。

电影院是电影产业的重要基础设施，是人民群众观赏电影的主要场所，也是实现电影价值、回收电影投资的关键环节。只有加快建设电影院，大幅度提高银幕数量，才能适应新时代新要求，增强人们的文化获得感、幸福感，才能促进电影市场持续繁荣，为实现电影强国提供坚实支撑，才能落实城乡统筹发展要求，让中国电影发展成果更多惠及广大人民群众。

各级党委、政府及宣传、文化、广电等部门要把加快建设电影院作为推动电影产业高质量发展的战略举措摆上重要位置，采取切实有效的措施，推动电影院建设发展实现更大跨越。

二、总体要求与目标任务

（一）总体要求

以习近平新时代中国特色社会主义思想为指导，坚持以人民为中心的工作导向，深化电影供给侧结构性改革，健全现代电影产业体系和市场体系，加强电影院建设的统筹规划和分类指导，加大政策支持力度，有效激发社会资本投资积极性，构建覆盖全面、分布合理、设施先进、惠及城乡的电影院建设发展格局，形成统一开放、管理科学、竞争有序、充满活力的电影市场。

（二）目标任务

1．到 2020 年，全国加入城市电影院线的电影院银幕总数达到 8 万块以上，电影院和银幕分布更加合理，与城镇化水平和人口分布更加匹配。

2．大中城市电影院建设提质升级，先进放映技术和设施广泛应用，舒适度等观影体验进一步提升。

3．县级城市影院数量稳步增长，有条件的地区加入城市院线的乡镇电影院数量快速增长。

4．院线制改革不断深化，涌现出一批实力较强、经营规范、资产联结为主的大型骨干电影院线，特色院线形成差异化优势。

三、主要措施

（一）加快电影院建设发展

认真贯彻实施《中华人民共和国电影产业促进法》，落实支持电影发展的若干经济政策，鼓励加快电影院建设发展。

1．鼓励企业积极投资建设电影院。各级电影主管部门及有关部门对投资建设电影院提供审批便利，对影院选址分布加强规划指导。

2．鼓励电影院积极采用先进技术，对放映环境和设备设施进行升级改造，提高放映质量。通过国家电影事业发展专项资金对电影院安装巨幕系统、激光放映机等先进技术设备给予资助，资助金额不超过设备采购支出的20%，每家影院不超过50万元。

3．通过国家电影事业发展专项资金资助中西部地区（含国务院规定全面比照享受西部开发政策的地区）县城（县级市）新建（改扩建）影院，每家新建影院资助不超过30万元，每家改扩建影院不超过20万元。对位于“集中连片特殊困难地区”的县级城市影院的运营发展，给予每家10万—15万元的资助。

4．对新建或改扩建并加入城市院线的乡镇电影院给予资助，每家不超过30万元。

5．开展电影院星级评定工作，引导电影院提升建设质量和服务水平。

（二）深化电影院线制改革

鼓励发展电影院线公司，按照“统一品牌、统一排片、统一经营、统一管理”的要求，投资建设或收购电影院，扩大规模，加强管理，提升服务。

1．成立电影院线公司须具备以下条件。

（1）控股影院数量不少于50家或银幕数量不少于300块。

（2）控股影院上一年度合计票房收入不低于5亿元。

（3）所属影院正常上缴电影事业发展专项资金。

（4）最近三个年度申请主体无违法违规经营行为，未受到行政处罚或其他处理。

（5）最近三个年度所属影院因违法违规经营行为受到行政处罚或其他处理的不超过3家，且处罚期已满，处罚措施已执行落实并整改到位。

成立电影院线公司应按照国家电影主管部门相关规定办理手续。成立跨省电影院线公司的，由国家电影局审批；成立省内电影院线公司的，由所在地省级电影主管部门审批，报国家电影局备案。

2．鼓励电影院线公司依法依规并购重组。鼓励跨地区、跨所有制进行院线整合，推动电影院线规模化、集约化发展。在整合过程中，应遵守和履行院线与所属电影院原所签协议，尊重和维护电影院自主选择电影院线的权利。

电影院线公司并购重组须报国家电影局审批。各级电影主管部门应依法依规进行审核，为院线并购重组提供便利和保障。

3．实施电影院线年检制度，完善电影院线奖惩机制和退出机制。对电影院线公司每两年进行年检，跨省院线由国家电影局负责年检，省内院线由省级电影主管部门负责年检。对于严重违法违规经营且整改不力的院线公司及影院，将依法取消其电影发行放映资质。对于长期管理不善、经营乏力的院线公司，实行市场退出。

（三）加快特色院线发展

加快发展“人民院线”，为国产优秀主旋律影片提供更大放映空间。对加入“人民院线”并开展相关放映业务的影院，按有关规定予以资助。

加快发展艺术电影放映联盟，为优秀艺术影片提供更大放映空间。对加入艺术电影放映联盟并开展相关放映业务的影院，按有关规定予以资助。

鼓励发展校园院线等特色院线，面向特定观众群体发挥积极作用。

（四）规范发展点播影院和点播院线

根据《点播影院、点播院线管理规定》，制定完善相关技术标准和业务规则，推动点播影院和点播院线规范发展，积极拓展电影放映创新业务。

四、保障落实

各级党委、政府有关部门要按照本意见加大对本区域内电影院建设发展的推进力度，加强规划引导，做好协调服务，推动各项措施落实到位。要加强本区域内电影市场的监管，严厉打击偷、漏、瞒报票房等违法违规行为，切实推动电影院建设加快发展，促进电影市场持续健康繁荣。

本意见自印发之日起施行，由国家电影局负责解释。

关于开展点播影院、点播院线试点工作的通知

国家电影局　2019 年 5 月 23 日　国影字〔2019〕90 号

北京、上海、湖南、湖北、江苏、广东、四川省（市）电影局：

为稳步推进点播影院、点播院线的发展，按照《点播影院、点播院线管理规定》要求，自 2019 年 6 月起，开展点播影院、点播院线试点工作。同时，发布《点播影院暂行技术规范》（见附件）。具体通知如下：

1. 首批试点在北京、上海、湖南、湖北、江苏、广东、四川等 7 个省（市）开展。

2. 点播影院、点播院线发行放映影片应遵守中国电影制片人协会、中国电影发行放映协会共同发布的《关于影片进入点播影院、点播院线发行窗口期的公约》。

3. 跨省点播院线片库影片数量不少于 500 部。

4. 试点工作暂定为 12 个月。

附件：点播影院暂行技术规范（略）

规范性文件

·农村电影放映工程·

关于印发《农村数字电影发行放映实施细则》的通知

国家广播电影电视总局　2007年5月25日　广发〔2007〕52号

各省、自治区、直辖市、计划单列市广播影视局、文化厅（局），新疆生产建设兵团广电局，各省、直辖市广播影视集团、总台，各电影集团、电影制片厂（公司）、电影院线公司、电影发行放映公司，华夏电影发行公司，总局电影数字节目管理中心、中国电影科研所、电影技术质量检测所、中影新农村数字电影发行有限公司、中国电影器材公司：

为加快农村电影放映工程建设，规范农村数字电影发行放映工作，现将《农村数字电影发行放映实施细则》印发给你们，请遵照执行。

农村数字电影发行放映实施细则

第一章　总　则

第一条　为贯彻落实党中央、国务院关于建设社会主义新农村和加强农村文化建设的部署，贯彻落实“十一五”规划中对农村电影放映工程的要求，加快农村数字电影发展，保障农村电影改革发展和数字化放映工作的顺利推进，不断满足广大农民群众日益增长的精神文化需求，根据《国务院办公厅转发广电总局等部门关于做好农村电影工作意见的通知》（国办发〔2007〕38 号）精神，依照《数字电影发行放映管理办法（试行）》（广发影字〔2005〕537 号），制定本实施细则。

第二条 各级政府要从实际出发，因地制宜，统筹规划，认真制定农村电影改革发展和数字化放映的工作方案。要积极探索“企业经营、市场运作、政府买服务”的新思路，加快农村电影数字化进程，加快体制机制创新，大力推进院线制、股份制和公司制改革，促进农村电影的繁荣发展，不断满足农民群众日益增长的文化需求。

第三条 要加大公共服务投入力度，重点用于购置数字电影放映设备和提供放映场次补贴。所需经费按中央和地方分担的原则核定。原则上东部地区由本省（区、市）各级财政自筹解决，中西部地区由中央和地方按不同比例分担，地方分担部分由本省各级财政解决。各地要确保地方财政配套资金及时到位，确保影片充足供应，确保资助设备有效使用，确保政府场次补贴按时到位，确保一村一月看一场电影的公益放映到位。

第二章　组织领导

第四条 中宣部、国家广电总局、国家发改委、财政部、文化部共同成立国家农村电影放映工程协调小组，主要职责是：

（一）提出农村电影改革发展和数字化放映的总体要求，全面组织和推动农村电影放映工程的实施，协调解决农村电影放映工程中的有关问题；

（二）组织、协调、指导、监督各省（区、市）农村电影放映工程的全面实施；

（三）制定农村电影改革发展总体方案，落实中央补助资金，制定数字放映计划和设备资助、场次补贴计划；

（四）审批各地农村电影放映工作方案，审核放映计划；

（五）监督检查各地财政部门落实配套资金；

（六）组织招标采购设备、协调购买影片公益版权、节目加工制作等。

领导小组下设办公室，负责日常工作。

第五条 各省（区、市）建立本省（区、市）农村电影放映工程领导小组，下设办公室负责日常工作，主要职责是：

（一）制定本地农村电影放映工程和数字化放映工作方案，落实本地财政配套资金，制定放映计划、制定设备资助和场次补贴办法；

（二）组织、协调、指导、监督本地农村电影改革发展和数字化放映工作，推动本地农村电影放映工程的实施；

（三）组织招标本省（区、市）配套资金购置的数字放映设备，所购设备须符合国家广电总局有关数字电影技术标准和规范，经电影技术质量检测所检测通过并报科技司审核认证；

（四）监督放映质量，落实放映场次，组织放映人员的培训，监督、管理好政府资助的设备及数字节目的有效使用。

第三章 放映设备

第六条 国家广电总局在电影数字节目管理中心建立国家农村数字电影服务平台。负责公益影片数字化转换、存贮、压缩、打包、加密、卫星传输、硬盘配送等技术服务，并受政府委托在各地建立卫星接收站；负责数字影片信息网站和在线订购网站的更新和维护；负责为国家广电总局和中影新农村数字电影发行公司提供可分类查询、分类统计的技术支持和技术服务，监管公益影片的放映情况。

第七条 各企事业单位和其他经济组织均可根据国家广电总局有关数字电影技术标准、规范，研发、生产数字电影流动放映设备，由国家广电总局电影技术质量检测所进行技术检测，报科技司审核后发放设备认定证书。

第八条 政府资助的设备由国家广电总局或省级电影主管部门统一采购、统一配送。中央财政资助的设备，由中国电影器材公司负责集成、组织培训、协调售后服务等工作；地方购买的设备，由地方电影主管部门负责组织集成、培训和售后服务等工作，也可委托中国电影器材公司代理以上业务。

第九条 政府资助的电影放映设备，属于国有资产，各级电影主管部门对其具有监督、管理的职能。各地可实行所有权和经营权相分离的运营模式，通过公开招标等方式，提高设备使用效率，为农村群众提供高质量服务。资助设备由省（区、市）或市（地）电影行政主管部门招标或委托招标给农村数字电影院线公司经营，可以采取切实可行的办法，使资助的设备保值增值。

第十条 各地电影行政主管部门要建立放映设备登记、分配、使用、维护、管理、检查制度，确保每套放映设备与放映队、放映场次挂钩，实现有效使用。

第四章　市场运营

第十一条 中影新农村数字电影发行有限公司负责全国公益性农村数字电影的发行，公司受总局委托代国家统一采购农村电影公益版权，使用总局电影数字节目管理中心的服务平台发布影片信息、接受订购、统一结算、统计数据等。同时，中影新农村数字电影发行有限公司也应积极代理或自行购买非公益数字电影版权，通过总局数字电影节目管理中心在线订购网站向全国各农村数字电影院线公司发行经营。

第十二条 各地要组建以市（地）为龙头，各县（市）参股，并可吸纳社会资本参股，以乡、村放映点为基础的农村数字电影院线公司，推动院线制、股份制改革，实行企业化、现代化经营管理，统一品牌、统一供片、统一经营、统一管理，并按相关规定享受公益版权节目和政府场次补贴。社会资金、民营资本从事农村数字电影放映，也要按照《数字电影发行放映管理办法（试行）》规定执行，组建院线后向国家广电总局电影局备案，并享受公益版权节目和政府场次补贴。

第十三条 鼓励东部地区充分发挥经济、政策和市场优势，依照《国务院办公厅转发广电总局等部门关于做好农村电影工作意见的通知》（国办发〔2007〕38号）文件精神，参照浙江、广东佛山等试点地区经验，自行制定农村电影发展规划，为农村电影数字化放映提供必要的设备投入和场次补贴，为从事农村电影数字化放映的社会资金、民营资本制定优惠的经济政策，引导各农村数字电影院线公司开拓市场，实现农村电影规模化运营、可持续发展。

第十四条 参照《国务院办公厅关于印发文化体制改革试点中支持文化产业发展和经营型文化事业单位转制为企业的两个规定的通知》（国办发〔2003〕105号）及《财政部、海关总署、国家税务总局关于文化体制改革中经营性文化事业单位转制后企业的若干税收政策问题的通知》（财税〔2005〕1号）、《财政部、海关总署、国家税务总局关于文化体制改革试点中支持文化产业发展若干税收政策问题的通知》（财税〔2005〕2号）文件精神，各地新成立的农村数字电影院线公司可通过省（区、市）委宣传部上报中央文化体制改革领导小组办公室，确认并报国家税务总局批准，即享受免征1至3年企业所得税的优惠政策。各农村数字电影院线公司应积极与当地电影和税收主管部门联系，争取更多的优惠政策。

第十五条 原则上，一个地级市院线公司建一个数字电影地面卫星接收站（简称卫星站），为所属农村放映队供片。需安装卫星站的，由所在地农村数字电影院线公司向国家广电总局电影局提交书面申请，电影局会同国际合作司批准后授权总局电影数字节目管理中心负责安装和管理。

第十六条 各地电影行政主管部门指导农村数字电影院线公司以公开招标方式或委托招标选定农村电影放映队。符合条件的国有、集体、民营、个体放映队，均可以参加竞标，获得政府资助的放映设备的使用权和经营权。中标的放映队须同农村数字电影院线公司签订放映合同，确保完成政府规定的公益放映任务。院线公司对放映队及放映活动实施管理。

第十七条 在确保公益放映场次的前提下，鼓励农村数字院线公司面向市场跨地区经营，可以采取售票放映、包场放映、影企联姻、广告经营等多种方式，实行优惠价格、有偿服务。

第十八条 允许个人购买经广电总局电影技术质量检测所检测通过并报科技司审核认定的数字电影放映设备用于农村电影放映，但须加入经批准成立的农村数字电影院线公司，与院线内其他放映队享受同等待遇。

第十九条 数字电影放映前，可播放广告，时间总长不超过15分钟。

第五章　影片发行

第二十条　国家广电总局每年选定不低于60部的专供农村放映的故事片和不低于30部的科教片，由政府出资，委托中影新农村数字电影发行有限公司购买农村公益版权后，向全国各农村数字电影院线公司发行。中影新农村数字电影发行有限公司、总局电影数字节目管理中心在运营过程中经批准可以按照东部3元/场、中部2元/场、西部1元/场的标准收取技术服务费和成本费。公益场次，院线公司可以向放映队收取设备折旧、技术服务费和成本费，放映队原则上不得向农民群众收费。农村公益版权的数字影片只允许在县城非专业放映点和县城以下的广大农村放映。

第二十一条　各农村数字电影院线公司每年与中影新农村数字电影发行有限公司签订年度纸质订片合同。由新农村公司在信息网站上（http：//www.dmcc.gov.cn）发布公益影片的片源信息，各院线公司可上网浏览；各院线公司根据群众和放映队的需求，在订购网站上（https：//www.dms.gov.cn）为本院线各放映队的服务器订购节目和场次；新农村公司在订购网站上对院线公司提交的原始订单进行审核、确认、下载、存档，并通知总局电影数字节目管理中心授权电子文件，通过互联网传输到各院线公司；各院线公司上网下载场次授权文件，写入IC卡后分发至各放映队服务器使用。

第二十二条　新农村公司根据本《实施细则》及新农村公司与各数字院线公司签订的发行合同进行结算。

第二十三条　各影片著作权或发行权拥有者均可向各农村数字电影院线公司发行拥有《电影片公映许可证》的非公益数字影

片，总局电影数字节目管理中心要积极支持此项工作。农村数字电影院线公司所购买的非公益数字影片，须严格遵守《数字电影发行放映管理办法（试行）》各项规定，不得在县城以上城市专业电影院（厅）使用。

第六章　场次补贴

第二十四条　为确保农村电影的公益服务，政府对面向农村的公益放映场次实行部分财政补贴。政府公益服务场次补贴，应本着对国有、集体、民营、个体放映队一视同仁的原则，确保场次补贴公平合理、及时到位。

第二十五条　公益放映场次按每村每月放映一场电影确定，由电影行政主管部门按年度计划逐级下达场次任务指标。场次统计标准为：放映一部故事片、或一部长纪录片、或一部长科教片各为一场；短科教片累计放映 5 部次为一场。

第二十六条　各地电影行政主管部门要制定严格的场次补贴考核制度，要制定统一的农村公益电影放映场次回执单。放映队每放映一场公益影片，填写一份放映情况回执单，回执单要经村民委员会负责人签字并加盖公章，由所在地的县（市、区）电影行政主管部门负责审核、发放。政府场次补贴资金，应按照各省制定的场次补贴办法，由各院线公司向本地电影主管部门申报领取后，保证足额兑现并按时下发到放映队。

第七章　管理措施

第二十七条　建立责任书制度。国家广电总局与各省（区、市）

政府、各省（区、市）政府与所辖市（地）政府、市（地）主管部门与农村数字电影院线公司签订农村电影放映工作责任书，确保放映工作得以落实。

第二十八条 建立公示制度。各院线公司、放映单位要建立电影放映公示制度，通过各种形式定期将各个放映点的电影放映时间、放映影片的片名、场次、电影放映员的姓名、监督电话向当地农民群众公布，接受农民群众监督。国家广电总局电影局定期公布各院线放映场次等相关数据。

第二十九条 建立培训制度。从事数字电影发行放映的经营、管理人员和放映人员必须经过培训，了解熟悉数字电影基本知识、运行流程，掌握放映技术和管理规则。培训由各级电影行政主管部门负责组织实施，也可由电影发行放映协会、农村数字电影院线公司或放映设备开发商、集成商组织实施。

第三十条 建立年检制度。各级电影主管部门要从实际出发制定本地年检办法，对本地区农村数字电影发行放映工作进行年检、考核。

第三十一条 加强数字电影市场的培育和管理工作。各地电影行政管理部门要加大对数字电影发行放映工作的宣传力度，进一步简化农村数字电影院线公司和放映点成立的审批手续；各数字院线公司和放映队须严格遵守《电影管理条例》的相关规定，确保所放映的影片均具有国家广电总局颁发的《电影片公映许可证》，不得发行放映音像制品。

第三十二条 各省（区、市）电影行政主管部门要运用信息化技术建立统计工作平台，建立完善的统计监督和统计上报制度。

第八章　罚　则

第三十三条　农村电影放映工程是一项民心工程、廉政工程，直接关系着广大农民群众文化权益的实现。各级政府部门和经营单位，均要保证政府财政补贴专款专用，保证公益场次补贴及时足额发放到位。如有挪用、克扣等违纪行为，将直接追究相关单位和责任人的法律责任。

第三十四条　有以下行为者，电影行政管理部门将给予通报批评，并根据情况核减直至收回政府资助的数字电影放映设备、停止资助，并取消其放映资格，同时追究主管领导和有关责任人的行政、经济和法律责任；造成经济损失的，由责任方作出赔偿。

（一）放映未经审查通过的、走私或无版权影片的，放映无《电影片公映许可证》影片的；

（二）发行放映音像制品，发行放映盗版、侵权音像制品的；

（三）将国家资助设备转卖、变卖而使国家资产流失的；

（四）管理不善而造成国家资助设备毁坏、丢失的或闲置国家资助设备，未发挥其应有效用的；

（五）随意改变国家资助设备使用范围，未完成农村公益场次放映目标的；

（六）放映场次虚报作假，回执等手续不全或统计数据上报不及时的；

（七）公益放映向农民群众乱收费的；

（八）年检不合格者。

第九章 附 则

第三十五条 本实施细则自颁布之日起实施，由国家广播电影电视总局负责解释。

关于印发《农村电影公益放映场次补贴管理实施细则》的通知

国家广播电影电视总局　2008年11月13日　广发〔2008〕108号

11月13日，广电总局向各省、自治区、直辖市广播影视局、文化厅（局）发出《广电总局关于印发〈农村电影公益放映场次补贴管理实施细则〉的通知》通知说，为贯彻落实财政部、广电总局《农村电影公益放映场次补贴专项资金管理暂行办法》（财教〔2008〕135号）通知精神，规范农村电影公益放映补贴的使用与发放，现将《农村电影公益放映场次补贴管理实施细则》印发给你们，请认真学习，贯彻落实，进一步加快农村电影放映工程的实施。

农村电影公益放映场次补贴管理实施细则

第一章　总　则

第一条　为贯彻落实《中央办公厅、国务院办公厅关于加强公共文化服务体系建设的若干意见》（中办发〔2007〕21号）、《国务院办公厅转发广电总局等部门关于做好农村电影工作意见的通知》（国办发〔2007〕38号）文件精神，根据财政部、广电总局制定的《农村电影公益放映场次补贴资金管理暂行办法》的要求，为进一步加强管理，规范农村电影公益场次补贴资金发放行为，确保农村电影放映工作的顺利实施，特制定本办法。

第二条 农村电影公益场次是指由政府采购，在全国县级以下农村地区开展的、面向广大农牧民群众的数字电影放映和胶片电影放映活动。放映1部故事片或1部长纪录片（90—120分钟）或1部长科教片（90—120分钟）为一场，短科教片累计放映3—5部为一场。

第三条 农村电影公益场次补贴专项资金是指国家财政为保障农民群众观看公益电影，对放映活动进行补贴的专项资金。凡经电影主管部门委托招标中标的国有、集体、民营、个体等各种形式的农村电影放映主体（含农村数字电影院线公司或中心、16毫米电影发行放映公司和农村电影放映队），在县级以下农村地区开展公益电影放映活动，均可享受农村电影公益场次补贴。

第四条 农村电影公益放映场次补贴实行先放后补，由财政部门和电影主管部门负责管理和发放。场次补贴一年分别于2月、8月两次发放。

第五条 农村电影公益场次补贴专项资金的发放接受财政审计、电影主管部门的监管检查。

第二章 制定年度农村电影公益场次补贴计划

第六条 农村电影公益场次放映和补贴计划按每个行政村每年12场编制。广电总局会同财政部编制年度全国农村电影公益场次放映和补贴计划，并逐级下达场次任务。地方电影主管部门会同地方财政部门编制本省农村电影公益场次放映和补贴计划。同时，于每年3月底前将上一年度场次补贴专项资金发放、结余情况和当年资金需求上报财政部和广电总局。

各省电影主管部门配合财政部门，根据财政部下达的农村电影公益放映场次补贴控制数，编制场次补贴预算，并按财政部要求的时间报送。

第七条 农村电影公益场次补贴资金实行先放后补，放映计划和场次补贴应当年完成。对12月31日前未完成当年的放映计划，原则上用于抵扣下一年度放映计划；对于当年结余的补贴资金区分中央和地方部分，用于抵扣下一年度财政补贴预算。

第八条 地市级电影主管部门会同地市级财政部门，根据已委托或招标的农村数字电影院线公司提供的放映场次结果，将财政部下达的场次补贴和本级配套场次补贴资金下发到各农村数字电影院线公司，经各农村数字电影院线公司下发到各个应聘的放映队。

第三章 农村电影公益场次采购程序

第九条 各级电影行政管理部门对农村电影公益放映场次实行采购招标制度。各地、市级电影行政管理部门，要本着公平、公正招聘农村数字电影院线公司的原则，根据农村电影放映场次及配套的场次补贴组织招标。

第十条 各级电影行政管理部门应与本辖区的农村电影公益场次中标单位（院线公司）签订《年度农村电影公益场次放映责任书》，报经省级电影主管部门备案后，获得相应的公益电影放映场次任务和场次补贴。

第十一条 承担放映任务的农村数字电影院线公司应与应聘的放映队签订《年度农村电影公益场次放映合同书》，将年度电影场次放映任务分配至放映队，并组织完成放映任务，落实场次补贴的发放。

第四章　农村电影公益放映场次上报程序

第十二条　农村电影公益放映场次原则上按季度进行统计；为方便农忙农闲，放映队可适当调剂放映场次。

第十三条　放映队每放映一场公益影片后，应填写一份放映情况回执单，回执单要经当地村委会负责人签字并加盖公章。各院线公司应于每年的1月、4月、7月、11月15日前，将上一季度的放映回执和农村电影放映情况统计表上报市级电影主管部门。

第十四条　各地市级电影行政管理部门对各院线公司上报的材料要进行严格的审查，核准后于每年1月25日、7月25日前上报省级电影主管部门备案，由省级电影主管部门向广电总局电影局备案。如不及时上报，将按比例核减下一年度场次补贴额度。

第五章　农村电影公益放映场次补贴的管理与监督

第十五条　各级电影行政管理部门要加强对农村电影公益场次补贴的监督管理，确保场次补贴资金先放后补、绩效挂钩、公开透明、简化程序、及时到位、足额发放。

第十六条　农村电影公益场次最低为一村一月一场（每年12场），农村电影公益场次补贴最低为100元/场，其中：西部地区由中央财政补助80元/场，地方财政最低补助20元/场；中部地区由中央财政补助50元/场，地方财政最低补助50元/场。东部地区和有条件的中西部地区，可根据当地运营成本适当提高发放标准，场次补贴由地方财政自行解决。场次补贴主要用于以下内容：

一、放映员劳务

二、放映人员养老与人身意外保险

三、放映技术服务费（含影片片租）

四、其它直接用于电影放映环节的费用

除第一项费用须占国家补贴费用的70%外，其余各项可根据本地实际情况安排。

场次补贴政府部门不得用于提取管理费、维护费、折旧费等。

第十七条 各级电影行政管理部门和财政部门要认真制定资金发放细则和操作规程，并建立公益放映公示制度、放映回执审核制度、放映单位奖励制度、社会监督及举报制度。

第十八条 省级电影行政管理部门应于每年1月底前，将上一年度放映情况及补贴资金发放情况的专项报告，上报广电总局抄送本省财政部门。

第十九条 为确保财政资金安全使用，对以下行为之一者给予处罚：

一、对场次补贴专项资金发放不及时的、未按使用范围和发放程序发放场次补贴的部门和单位，给予通报批评；

二、对弄虚作假、虚报冒领场次补贴专项资金的单位或个人，除追回冒领款项外，将取消相关单位和个人从事农村电影公益放映的资格，情节严重的将依法追究有关责任人的法律责任；

三、对截留、挪用、克扣场次补贴专项资金的部门、单位和个人，一经核实，立即停止拨付专项资金，限期追回并给予通报批评等行政处分，情节严重的将追究相关人员的责任，给予行政处罚并取消从业资格，触犯法律的，移交司法机关处理。对违反资金使用规定，利用财政专项资金进行盈利性投资、融资活动的院线公司，将追究其经济和法律责任。

第六章　附　则

第二十条　各省（区、市）可依照本办法，制定本地区农村电影公益场次补贴发放细则。

第二十一条　本办法由广电总局负责解释，自公布之日起实行。

关于推动农村电影放映工程持续健康发展的通知

国家广播电影电视总局　2010年1月21日　广发〔2010〕7号

各省、自治区、直辖市广播影视局，新疆生产建设兵团广播电视局：

为贯彻落实党中央、国务院关于建设社会主义新农村和加强农村文化建设的精神，落实国家“十一五”规划中对农村电影放映工程的要求，“十一五”期间，国家已向中、西部地区资助近6亿元的电影放映设备，共计1.7万多套；下发场次补贴资金近10亿元。目前全国已组建农村电影数字院线218条，有数字放映队28730支，加上目前正在下发的设备，今年将基本完成16毫米胶片放映向数字放映的过渡。

为确保国家下发的数字电影放映设备保值增值，确保农村电影公益放映场次补贴能够足额下发到放映员，确保在“十一五”末期全面实现一村一月放映一场电影的公益文化服务目标，使农村电影放映工程持续健康发展，现将有关事项通知如下：

一、通过提取折旧费建立农村电影可持续发展资金。根据《全国“十一五”农村电影放映工程建设规划的通知》（发改社会〔2007〕2080号）和广电总局《关于印发〈农村数字电影发行放映实施细则〉的通知》（广发〔2007〕52号）精神，国家资助的放映设备属于国有资产，各级电影主管部门对其具有监督、管理职能。农村电影数字院线公司接受政府委托，享有设备的经营使用权。为保证国有资产不流失，实现保值增值，各地可通过提取数字电影放映设备折旧费建立农村电影发展资金，用于下一阶段数字电影放映设备的更新和改善。2009 年广电总局政府招标采购的数字电影放映设备每套价格在 2.65 万元，各地可以此价格为折旧依据。折旧资金每场放映提取的数额、提取年限、使用方式和范围等事项由各地因地制宜制定。中影新农村数字电影放映公司下发的设备，也应制定相应的折旧制度。

二、加强对农村电影公益放映场次补贴的监督管理。各地要严格执行《财政部、广电总局关于印发〈农村电影公益放映场次补贴专项资金管理办法〉的通知》（财教〔2008〕135 号）和《广电总局关于印发〈农村电影公益放映场次补贴管理实施细则〉的通知》（广发〔2008〕108 号）的规定要求，明确场次补贴专项资金的使用范围与发放渠道。场次补贴专项资金作为国家财政投入，不是按人拨款，而是按事拨款，养事不养人，用于直接补助农村电影的放映活动，要确保 70% 的费用用于放映员的劳务。各地要尝试通过给放映员建立银行账户，通过考核确定放映场次后，直接将放映补贴打入放映员银行卡的方式，以保证放映员的利益不受损。要建立农村电影公益放映场次补贴专项资金监督检查制度，定期对资金使用、发放、成效等方面进行检查，并公示检查结果，接受社会监督。

三、进一步提高农村电影数字院线公司的市场经营能力。各级电影行政主管部门要认真学习领会“企业经营、市场运作、政府购买、群众受惠”农村电影改革发展新思路的精神内涵，在指导农村电影数字院线公司做好公益放映服务的同时，以促进农村电影市场繁荣发展为己任，不断增强企业自身活力，开发农村各类市场，以规范的服务赢得市场，真正使农村电影成为有价值的新的广告媒体，为农村电影的持续发展打下基础，建立农村电影的长效发展机制。

四、进一步创新管理方式，加强对农村电影放映工程的组织领导。电影行政管理职能划转完成后，各地广电部门要加强对农村电影放映工程的组织领导，建立灵活、高效的农村电影管理体制，在统筹规划、制定政策、信息发布、组织协调、提供服务、检查监督等方面引导农村电影健康有序发展。各地要充分利用广电优势，整合全省农村电影市场，利用 GPS、GPRS 和放映信息回传技术，建立以省为单位的监管平台，加强对农村电影放映情况的监督，确保电影放映数据真实有效。中国电影科研所要尽快制定 GPS、GPRS 用于农村电影监管的技术标准和规范，广电总局电影数字节目管理中心要建立全国 GPS、GPRS 的统一接口，尽快完善放映信息回传技术，并及时开通全国电影行政管理部门信息平台。

规范性文件

·电影技术·

关于加强少数民族语电影译制素材收集工作的通知

国家广播电影电视总局　2010 年 11 月 26 日　〔2010〕影字 972 号

北京电影洗印录像技术厂：

为深入贯彻落实十七大精神，进一步推动少数民族语电影译制工作，向广大少数民族地区群众提供丰富、优质的电影节目，根据《电影剧本（梗概）备案、电影片管理规定》（总局第 52 号令），通知如下：

一、影片国际乐效是指符合相关技术标准，乐效效果质量和长度与标准拷贝（或数字拷贝）相同，且影片对白、音乐、效果三部分分别独立的声音素材。当使用八轨数字录音带作为国际乐效载体时，应符合 24 格 / 秒的还音标准，每本乐效间隔 10 秒钟以上，且应有与 35mm 拷贝（300 米标准本）头尾相符的板声信号。当使用 DVD-R 做为国际乐效载体时，音乐记录为无压缩 WAVE 文件格式。

二、影片完成台本是指影片对白的文字表述。应与领取《电影片公映许可证》的影片对白台词一致、完整，采用电子文档，并用 WORD 或 TXT 文档格式存储。

三、凡在影片内容审查通过后，影片审查意见决定书上已注明列入少数民族语译制的影片，制片单位在领取《电影片公映许可证》时，除按规定向电影局送交一套影片完成台本外，还须送交一套符合技术标准的影片国际乐效。

四、在影片内容审查通过后，影片审查意见决定书上未注明已列入民族语译制的影片，制片单位在领取《电影片公映许可证》时，可主动向电影局送交一套符合技术标准的影片国际乐效。

五、北京电影洗印录像技术厂民族语译制工作部（以下简称北洗厂民族语译制工作部）负责电影局移交的国际乐效和完成台本的鉴定、整理、分发，并向送交影片素材的制片单位发放国际乐效补贴。

六、电影局在20个工作日内，将国际乐效和完成台本移交中影集团译制中心进行技术鉴定，鉴定不合格的退回制片单位更换后重新鉴定。北洗厂民族语译制工作部代电影专项资金办公室对合格的国际乐效素材按每套2500元的标准支付素材补贴。对制片方不能更换合格影片完成台本的，北洗厂民族语译制工作部组织有关单位利用译制工作样片制作译制用完成台本。对制片方不能更换合格国际乐效的，经电影局同意后，北洗厂民族语译制工作部组织有关单位利用影片终混声音素材制作国际乐效。北洗厂民族语译制工作部负责定期将译制工作开展情况上报电影局，将国际乐效素材补贴支付情况报电影专项资金管理办公室。

七、各声音制作单位应积极配合做好影片国际乐效素材制作、保管工作，遵循技术规范制作国际乐效，并负责在至少一年内保管好乐效，以支持少数民族语电影译制工作的顺利开展。

八、凡不按上述要求执行的，总局电影局将酌情核减政府对重点影片项目的资助支持。

本规定自发布之日起实施。

特此通知。

关于印发《少数民族语公益电影数字化译制、发行、放映工作管理办法（试行）》的通知

国家广播电影电视总局　2010 年 12 月 6 日　广发〔2010〕110 号

各省、自治区、直辖市、计划单列市、新疆生产建设兵团广电局，各省、直辖市广播电视台、总台、集团，电影集团、电影制片厂（公司）、电影院线公司、电影发行放映公司，总局电影数字节目管理中心、电影专项资金管理办公室、电影科研所、电影质检所、中影新农村数字电影发行公司、电影器材公司，各少数民族语电影译制中心，北京电影洗印厂：

为加快少数民族语公益电影数字化进程，进一步提高少数民族语公益电影数字化译制、发行、放映工作质量，规范译制工艺流程，现将《少数民族语公益电影数字化译制、发行、放映工作管理办法（试行）》印发给你们，请遵照执行。

附件：1. 少数民族语公益电影数字化译制、发行、放映工作管理办法（试行）

2. 少数民族语电影数字化译制工艺技术要求

附件 1

少数民族语公益电影数字化译制、发行、放映工作管理办法（试行）

第一章　总　则

第一条　为进一步提高少数民族语公益电影数字化译制、发行、放映工作质量，规范译制工艺流程，加快少数民族语公益电影数字化进程，根据少数民族语公益电影译制、发行、放映工作的实际情况，制定本管理办法。

第二条　少数民族语公益电影数字化译制、发行、放映工作，按照“统一规划布局、规范译制工艺、分工负责译制、网上订购交易、集中合成传输”的原则，由国家广播电影电视总局电影局（以下简称电影局）负责统筹协调，各译制中心所在地广播电影电视行政管理部门负责组织实施，各相关译制单位负责落实。主要工作流程可分为：片目选定、素材整理、译制混录、数字制作、定购传输、发行放映六个环节。影片的数字化译制工作职责分工与生产工艺流程见附图。

第三条　少数民族语译制影片的完成台本、工作样片、国际乐效带（或国际乐效数据文件，以下简称国际乐效），由电影局委托有关单位负责制作，并在网上公示、按需分发。

第四条　影片完成台本、工作样片、国际乐效、少数民族语声音素材制作应当符合《少数民族语电影数字化译制工艺技术要求》的规定。

第五条　少数民族语电影数字发行版（数字拷贝）的声

音以单声道为主，并采用“一片多语、可供选择”的打包发行方式。

第二章 片目选定

第六条 电影局负责制定年度少数民族语电影译制工作计划，每年从公益影片的片目中，推荐60部故事片和20部科教片，供各少数民族语译制中心从中选择译制。各电影译制中心应当征求本地电影院线公司（中心）和放映单位的意见，在确保国家重点影片译制的同时，从本地群众需求出发，科学选定译制片目。

第七条 电影局负责收缴影片完成台本、国际乐效等译制素材。

第三章 素材整理

第八条 电影局委托国家广播电影电视总局电影数字节目管理中心（以下简称电影数字节目管理中心）利用影片数字母版制作译制专用工作样片。

第九条 电影局委托北京电影洗印录像技术厂民族语译制制作部（以下简称北洗厂民族语制作部）负责译制工作素材的接收、鉴定、制作、分发工作，包括：

（一）对影片完成台本、国际乐效、译制工作样片进行技术鉴定，鉴定不合格的退回相关提供单位更换。对提供合格国际乐效的制片单位或声音制作单位，按每部2500元的标准支付素材补贴经费。

（二）对制片方不能更换合格影片完成台本的，组织有关单位利用译制工作样片制作译制用完成台本。

（三）对制片方不能更换合格国际乐效的，经电影局同意后，组织有关单位利用影片终混声音素材制作国际乐效。

（四）将具备合格国际乐效和译制工作样片的片目，发布在电影数字节目管理中心的宣传网站上（网址：http://www. dmcc. gov. cn），供各译制中心选择。

（五）按照各译制中心选定的片目，将影片完成台本、国际乐效、译制工作样片分发至各译制中心。

（六）鉴定各译制中心完成译制混录的声音素材，合格的移交电影数字节目管理中心制作少数民族语电影数字发行版，不合格的退回相关提供单位重新制作。

第四章　译制混录

第十条　各译制中心按照少数民族语电影数字化译制工艺的要求，负责组织相关语种的影片对白译制配音、声音混录等工作，将译制完成的影片声音素材以数据文件形式发送至北洗厂民族语制作部。

第五章　数字制作与发行放映

第十一条　电影数字节目管理中心负责制作多语种数字电影流动放映发行版，将完成信息公布在宣传网站（网址 : http: // www. dmcc. gov. cn）和订购网站（网址 : https : //www.dfcc.gov.cn）上。

第十二条　少数民族语数字电影流动放映发行版的订购、传输、授权、放映等工作流程参照《农村数字电影发行放映实施细则》执行。

第六章　附　则

第十三条　各译制相关单位应当定期向电影局上报少数民族语电影数字化译制工作开展情况。

第十四条　本管理办法自颁布之日起施行。

附件2

少数民族语电影数字化译制工艺技术要求

为提高少数民族语电影译制工作的质量和效率，按照少数民族语电影译制工艺流程的规定，制定少数民族语电影译制素材的技术要求规范如下：

第一部分　少数民族语电影译制素材技术要求

（一）完成台本

1. 应与领取《电影片公映许可证》的影片对白台词一致、完整；

2. 采用电子文档，并用WORD或TXT文档格式存贮；

3. 使用DVD-R、CD-R、U盘作为交换影片台本的存贮介质，或通过电子邮件发送传递。

（二）国际乐效

1. 影片国际乐效应与影片画面同步、等长；

2．声音采样频率为 48KHz；

3．参考电平：–20dBFS@1KHz；

4．声音的量化比特深度：不低于 16bit；

5．声音素材与记录载体声音轨道对应关系以文字标识记录于载体标签上；

6．声音与参考画面具有一致的声画同步信号。

7．使用八轨数字录音带作为国际乐效载体时，每本乐效之间时间码间隔 10 秒钟。

8．使用 DVD-R 作为国际乐效载体时，声音记录为无压缩 WAVE 文件格式。

（三）参考画面和参考声音

1．参考画面技术参数：

（1）采用 mov 格式，H. 264 编码；

（2）画面分辨率：720×576（PAL 制）；

（3）画面左上角叠加时间码；

（4）画面右下角叠加“民族语译制专用”字幕水印。

2．参考声音技术参数：

（1）WAVE 文件格式；

（2）音频采样率：48KHz；

（3）声音的量化比特深度：16bit；

（4）记录为单声道。

3．参考画面和参考声音存储介质：DVD-R。

第二部分　译制配音技术要求

（一）译制配音环境技术参数

对白录音棚的主要音质技术指标如下：

1．混响时间：T60=0. 3 ～ 0. 4s；

2．混响频率特性：混响时间频率特性曲线尽可能平直，即不同频率的混响时间应相同。

63 ～ 125Hz：0. 45 ～ 0. 40±0. 05s；

250 ～ 10KHz：0. 35±0. 05s；

3．连续无规则噪声 NR≤20，对间歇、脉冲噪声 NR≤25；

4．门、窗隔声要求：

声闸门与观察窗隔声量≥55dB。

（二）配音对白记录声音技术参数

1．音频采样率：48KHz；

2．声音的量化比特深度：16bit；

3．声音文件格式：无压缩 WAVE 文件；

4．记录为单声道。

（三）存储介质：DVD-R。

第三部分　影片少数民族语数字发行版制作技术要求

少数民族语流动放映发行版制作技术要求参照《数字电影流动放映系统技术要求》（GD/J013—2007）。

关于电影片数字母版有偿收集的通知

国家广播电影电视总局 2011 年 12 月 19 日 〔2011〕影字 1060 号

中国电影资料馆：

为进一步推进电影数字化进程，鼓励社会力量充分运用数字技术拍摄、制作、发行和放映电影，促进国家档案影片的收缴，现就电影片数字母版收缴工作通知如下：

一、你单位在收到我局移交的通过技术审查的电影片数字母版十个工作日内，向电影数字母版送缴单位发放数字母版补贴费用。

二、利用数字设备拍摄制作的电影片数字母版和利用胶片拍摄制作的电影片数字母版，都按每部 5000 元的额度支付补贴费用。

三、本通知从 2012 年 1 月 1 日起执行，并以我局发放的《电影片（数字）技术合格证》上载明的日期为准。原我局发布的《广电总局电影局关于电影片数字母版有偿收集的通知》（〔2011〕影字 366 号）同时废止。

特此通知。

关于发布《电影送审数字母版画面字幕技术要求（暂行）》的通知

国家新闻出版广电总局　2013年6月3日　影字〔2013〕297号

北京市、吉林省、浙江省、湖北省、广东省、陕西省广电局，有关电影制片单位及电影后期制作公司：

现将《电影送审数字母版画面字幕技术要求（暂行）》发给你们，请在数字电影制作、审查中参照执行，并将在执行中遇到的问题反馈到我局。

联系部门：电影局技术处

联系电话：86097937、86093057

特此通知。

附件：电影送审数字母版画面字幕技术要求（暂行，略）

规范性文件

·电影专项资金·

关于贯彻国务院批准《关于明确电影票价管理权限和建立国家电影事业发展专项资金的通知》的通知

广播电影电视部 财政部 国家物价局 国家税务局 中国工商银行

1991年1月9日 广发影字〔1991〕13号

各省、自治区、直辖市文化厅（局）、财政厅（局）、物价局（委员会）、税务局、中国工商银行分行，上海市电影局：

现将国务院于1990年12月21日批准的《关于明确电影票价管理权限和建立国家电影事业发展专项资金的通知》印发给你们，请立即部署到各地、市、县级单位。

明确电影票价管理权限和建立国家电影事业发展专项资金，是为发展我国电影事业，使电影更好地为社会主义精神文明建设服务采取的一项重要措施，各级有关部门应认真加以贯彻执行，把该项工作做好。

根据文件规定，各地需对现行电影票价进行调整的应按规定程序批准后执行，并报国家物价局、广播电影电视部备案。国家电影事业发展专项资金，由1991年5月1日起按通知的规定提取上缴。

《国家电影事业发展专项资金使用和管理暂行办法》及《国家电影事业发展专项资金上缴的实施细则》另发。

关于明确电影票价管理权限和建立国家电影事业发展专项资金的通知

为使电影更好地为社会主义精神文明建设服务，增强电影制片、发行、放映企业的活力，解决电影经济的困难，经国务院批准，现就电影票价管理权限和建立国家电影事业发展专项资金问题，通知如下。

一、关于电影票价管理权限

（一）根据国务院1963年第130次会议通过的《关于物价管理试行规定》，各种经营性的文化收费标准（包括电影票价标准），由省、自治区、直辖市负责管理。1979年在国务院转发文化部、财政部《关于改革电影发行放映管理体制的报告》中，曾规定电影票价由中国电影发行放映公司综合平衡。现再重申：电影票价仍由各省、自治区、直辖市负责管理。

（二）对现行的电影基础票价，各省、自治区、直辖市可根据不同的地区，不同的影院等级、不同的服务质量标准等情况，由物价部门、电影业务主管部门作适当调整，制定不同的基础票价，报省人民政府审批后执行。

对于浮动票价，鉴于影片的观众面大小不同，各地的经济条件和观众对电影的欣赏要求也有所不同，为更切合当地的实际情况，今后浮动部数和浮动价格不再由国家业务主管部门确定，下放给省、自治区、直辖市管理。是否下放地、市管理，由省级物价部门、电影业务主管部门提出意见，报省人民政府确定。

（三）凡是售出的电影票款必全部纳入放映收入，如因设施改造需要偿还投资不列入放映与发行分成的部分，须报广播电影电视部、财政部批准。

二、关于建立国家电影事业发展专项资金

（一）从1991年1月1日起，自票价管理权限下放后，在适当调整票价的基础上，县和县以上的城市电影院（包括对外售票的影剧院、开放俱乐部等，下同）从售出的每张电影票款中提取五分钱（对国务院确认的扶贫县暂提取二分钱），作为国家电影事业发展专项资金。基础票价偏低的可适当调高。

（二）各电影院缴纳的电影事业发展专项资金，在所得税前列支。免交教育费附加，能源交通重点建设基金和预算调节基金。

（三）国家电影事业发展专项资金的使用范围是：

1．对党和国家提倡的革命历史题材和现实题材故事片和重点纪录片、科教片、儿童片、美术片的资助；

2．对城市专业电影院的维修改造资助；

3．对少数民族困难地区的电影企业补贴；

4．对部分重点制片厂设备更新技术改造的资助和生产资金的补充；

5．经财政部批准的其他支出。

（四）国家电影事业发展专项资金委托中国工商银行代收。各级电影发行放映公司负责对缴款单位的催缴、监督、检查，并有权对偷漏瞒报抗缴者予以处罚。

（五）国家电影事业发展专项资金实行统一上缴分级管理的办法。该项资金由广播电影电视部和财政部组成的国家电影事业发展专项资金管理委员会负责管理。专项资金的使用须由广播电影电视部和财政部批准，并接受审计部门监督。

（六）关于国家电影事业发展专项资金的管理和使用实施细则，以及缴纳专项资金的监督、奖罚办法，由广播电影电视部、财政部、国家税务局、中国工商银行制定。